愛了，然後呢？

黃小柔 著

敢卸妝、吵不散，
常保燒腦狀態的兩性相處必備技能

時報出版

推薦序

說到對小柔的第一印象真的只有「當機立斷」可以形容，有很多事她都可以很迅速地完成。

她的生命充滿了體驗和感受，以致於她明白什麼是想要、什麼是需要，反之對於生命中的不需要、不想要，她可以很勇敢也很豁達地 Say no，完全就是一位快、狠、準的美麗女性！

慢慢地有更多機會和時間與小柔互動，發現她是一位超級溫暖的女孩，常常關心、照顧身邊的朋友們，如她名字般成為一股「溫柔的力量」，以最真實誠懇的方式待人，散發滿滿的愛，所以在她身邊自然而然可以既安心又開心，向她敞開最單純赤裸的自己。

此刻，這股溫柔的力量將透過一頁又一頁的文字，悄悄潛入你我的心門，如果你今晚心裡有事睡不著、如果你生活中正面臨一些抉擇、再如果你需要來點真實的自我對話，請一定要閱讀這本書，這位演繹快樂妻子、幸福媽媽、窩心閨蜜、優秀演藝工作者、暢銷作家等多重角色的女子，絕對會超級不官方地跟你聊好聊滿。

李協聰牧師

推薦序

初次見到小柔，是在一個節目上，小柔分享在創業過程中的經驗，以及遇到各種瓶頸時，是如何一次次跨越挫折，讓自己從黑暗中，找到可以繼續努力的勇氣與光亮。

當時，我深深被小柔的開朗、溫柔及對生命的透徹眼光所吸引。兩個人一見如故，交換了聯絡方式，也成為會約出來見面聊聊的朋友。

其實，我不是個擅於社交的人，甚可說有點自閉。這樣的我，卻在初次見面後就與小柔成為好友。在她身上，我看到一個人即使過盡千帆，或許受過傷，卻仍保持真誠，與對世界、對周遭人的愛；對自己所擁有的一切，充滿感謝。這些真誠、

勇敢與美好，是最吸引我的地方。

小柔，恭喜妳出了第二本書，祝福這本書，可以將妳的美好
與勇氣化為力量，傳達到讀這本書的人們心中。

周慕姿 心理師

推薦序

剛認識小柔時,她總一身搖滾少女的精心裝扮,潮 T 潮褲,
掛著各式各樣的亮金屬飾品,擦著黑色指甲油,整個人看起
來又酷又炫。

因著生命中遇到無法靠自己解決的難題困境,她開始踏上靈
性之旅,找尋更偉大的愛之源頭,探究生命的真諦與真理。

加上她天生樂於助人的俠女性格,於是呼朋引伴,聚集身邊
的一群好朋友,安排固定的分享聚會,熱心接待、幫助朋友,
常常為大家的困難禱告祈求!

一步步慢慢地從懵懂中學習、練習,逐漸領悟、明白,過程

中一路跌跌撞撞，有充滿喜悅的歡笑，當然也有痛苦的淚水，有成長的突破，但也有過摔跤的掙扎。

我真心充滿感恩，看到小柔已從當年外表酷炫、內心稚嫩的搖滾少女，蛻變為成熟懂事的人妻，甚至成為願意犧牲奉獻，養育三個寶貝的偉大母親。

這極大轉變的心路歷程，值得讓我們細心聆聽她的故事，相信她的人生體會，可以幫助正在徬徨找尋生命之鑰的你們！

許力今 師母

推薦序

我在演藝圈的朋友不多，我的朋友通常要和我有類似的經歷，或者是在生活中有共鳴的人，換句話說要有點敏感、有點玻璃心，才能了解彼此的想法。

我已經忘了當初是怎麼跟小柔成為朋友的，應該是那種第一眼就覺得是同類人的情況吧！後來，我們一起進了全台演藝界的最高殿堂，大概最紅的藝人都在那一家公司了，但因為是小柔的書我就不舉例了！

我們兩個在公司裡就像是放牛班的小屁孩，最不聽話、最有意見、最不被看好，而在這情況之下，我們兩個每次見面的時候都有說不完的話題，無論聊什麼都超爆笑的，在哪裡被霸凌了，為家裡的事情傷心了，哪個男生愛上她了，哪個女生離開我了，就是如此相似的家庭背景和工作情況，讓我們

倆成為最好的朋友。

唯獨有一點我們兩個天差地遠，當時的我完全負能量，而當時的她不管多麼的委屈，還是能正能量地前進。如果我的心態是怨天尤人的話，小柔應該就是悲天憫人吧！她從來沒有怨恨過誰，大家應該看過阿信的故事，她根本就是演藝圈的版本！

我們兩個有一個共識，簡直可以說是一種信仰，那就是「紅與不紅不能決定一個藝人的價值，善不善良卻可以決定一個人的品格。」就是這樣的小柔，溫柔而堅定的眼神永遠有光，所以上帝給了她美好的家庭，一樣堅定踏實的老公，成就了小柔的故事。

接下來，請開始妳的表演～

歐弟 歐漢聲

作 者 序

收到出版社要我寫第二本新書的作者序時，當下真的有點感動，第一本書好像是昨天才發生的事，還記得一開始戰戰兢兢地完成了出書的這個夢想，真的好有成就感。

經過了一年多的努力，第二本書《愛了，然後呢？》也很順利地誕生了！你是不是也曾經跟我一樣有過這樣的疑問：愛了，然後呢？

這本書的內容幾乎都是在我最茫然、最無助的時候所體悟到的，分享給各位，希望藉著這本書可以給你一點繼續前行的力量與方向，別把自己給關了起來，打開心門，讓光照進來，讓善良的人與我們同行。

或許你不知道怎麼做才是對的？別怕！不管是在哪種類型的關係裡，都是需要透過學習才能更美好、更完整的，當你逐漸越來越強大的同時，就會開始有能力可以讓所有的人事物變得更簡單，這是多麼值得鼓勵自己再勇敢一點，為自己創造一個世界，當然包括我們的幸福，只要你願意改變，一切就會更不一樣！

Chapter 3 · 我們的愛，是陪伴

Chapter 4 · 婚姻，從來就不簡單

在愛中坦誠相見，
展現最真實的自己，
才能愛得長久、愛得自由。

Chapter 1

×

這段感情中，
誰是誰？

感情裡的百變怪

一段感情用情過深，就很容易失去自己原本的樣子，可能本來還滿可愛的，但卻因為太過在乎而失去平常的水準。

呵！我懂那種求好心切的心，為了想要讓一切變得更好才會想要改變，也擔心自己不夠好，而懷疑自己是不是真的能把對方留在身邊，所以最直接的方式，就是把自己變成他喜歡的樣子。

這也是我以前最常做的事之一，所以不要再埋怨是自己太過愚蠢，不是只有你一個人這麼笨這麼傻。想當初我也傻了好幾次，現在回想起來，那個時候的自己，真的單純得可以，總以為這樣就可以留住愛情，當然結果慘不忍睹……

Chapter_1
這段感情中，誰是誰？

我必須很老實地告訴大家，就算真的變成了對方想要的樣子，他還是不會愛你的！你知道為什麼嗎？因為問題根本不是出在你的改變夠不夠多，而是你為了變成他喜歡的樣子，選擇放棄真實的自己，久了還是會回到同樣的問題，搞得自己身心俱疲，最後他還是一樣跟著別人跑。

但！我們也不能以偏概全認為在感情裡做一些改變是不對的，有些時候做點改變是好事，因為代表你很有心，想好好經營這段感情，所以才會願意改變，這樣的勇氣是很值得鼓勵的！

可是如果改得不夠「精準」就很容易壞事，比如自己的個性

明明就是很容易吃醋的，但因為對方不喜歡另一半在這方面這麼約束，為了討好所以硬著頭皮假裝大方，好像他跟異性來往這件事情你完全不在乎，導致另一半真的以為你是一隻安靜的乖貓，可以讓他去外面好好玩耍。

直到哪一天你真的受不了生氣了！他不但不會替你想，還會覺得是在無理取鬧，這全都是因為一開始你假裝很大方都不會在意這些事情。

看到癥結點了嗎？你可以為他改變，但你本來就不是一個這樣的人，為了一個人強迫自己忽略內心的感受，久了問題依然存在。

如果真的願意為他改變，那就要精準一點，在這之前雙方應該要先溝通，千萬別害怕顯露出自己原本的個性，試著坦然表達，如果他真的愛你，就會在乎你的感受去做一些調整，

Chapter_1
這段感情中，誰是誰？

而你因著他的調整自己也慢慢地為他改變，這才是健康的溝通與心甘情願的妥協，你們之間才能有更多勝利的機會！愛情有千百種可能，如果不誠實面對自己，再怎麼變到最後還是會打回原形。

我有一位朋友是個非常迷人女孩，長相清純、可愛，大家都好喜歡她的個性，是典型人見人愛的鄰家女孩。可是不知道為什麼，她每段戀情總是悲慘收場，一開始我們總是跟著她一起罵，說渣男有多壞、有多差，但幾次下來發現好像都是同樣的狀況，只是分手的理由不同罷了，我除了陪哭陪罵，真的不知道該怎麼幫助她走過這樣的「渣男詛咒」。

直到有一天我遇見了她的某任前男友（以前跟他有點交情，但因為我是女方的朋友之後就不太聯繫了！）幾句寒暄下來就聊到了這位鄰家女孩，他說這段感情其實很可惜，我問為什麼？既然覺得可惜那就追回來啊！他馬上搖搖頭説往事回

味即可。

後來我有點受不了他說得不清不楚，直接單刀直入地問她到底哪裡不好？他才婉轉表示，剛開始接觸的時候感覺非常好，覺得她是個很願意跟他一起生活的女孩，很隨和也很好相處，所以就決定要跟她在一起。

但誰知道在一起之後她整個人完全大變，跟剛認識時的她不一樣，相處起來變得好煩、好累、好有壓力，其中最受不了的是她一直嘮叨。

什麼？嘮叨？怎麼可能？一開始我還沒反應過來，後來慢慢聊開後才勾起我的回憶，這個女生朋友確實非常愛碎念，有時候連我都快受不了，每次跟她出門就好像帶媽媽出門一樣，什麼都要管，連吃飯都會一直叫你快點吃，還不斷要你多吃一點的那種煩。

Chapter_1
這段感情中，誰是誰？

他在對話的過程中舉了好幾個令人受不了的例子，比如隱形眼鏡已經戴了 12 小時，要趕快拔出來，不然眼睛會太乾拔不出來，對眼睛不好。問題是我還在外面怎麼拔？而且又沒帶眼鏡，她可以為了這個像唸經一樣唸我一整晚；還有她老是跟我生氣，說我吃飯太快沒有情調而且會傷胃，為什麼不可以像法國人那樣細嚼慢嚥地享受食物？問題是我還要趕稿啊！已經特地陪她出來吃飯了還一直嫌；最讓我不開心的是她會禁止我吃一些垃圾食物，像是油炸物，逼我吃一些「小鳥在吃的食物」。

這些使我的人生完全陷入憂鬱，覺得一切沒有希望；最後壓垮我的最後一根稻草是……（我睜大眼睛等他說）她不准我打電動，這可是我人生中最解壓的事情，而且她明明一開始還跟著我一起玩，也說了超好玩，為什麼在一起之後一切都變了？聽到這裡我就沒有再繼續追問。

隔沒幾天我就見到了這位可愛的朋友，跟她提起我遇到她的前男友，當然也一五一十地報告我們的對話內容，她聽完馬上嘆了口氣，不開心地說：「我是替他想好嗎？我希望可以好好跟他在一起，想把他照顧得很好，難道這樣也有錯嗎？以前跟他在一起時抱怨視力越來越不好，要我提醒他不要花太多時間打電動，怎麼最後會反怪我嘮叨然後跟我分手呢？」

當下我瞬間看懂了整件事，終於找到了盲點，這個女生朋友本來就是一個很愛管的人，但她一開始跟他約會的時候，怕自己原本的個性會被對方扣分，於是隱藏她煩人愛碎碎念的那一面，選擇當一個非常隨和的女生，凡事輕鬆就好不要拘泥在小事上，後來真的在一起後個性使然，導致整段感情就這樣變成了無言的結局。

首先，女孩兒們記住，有些事情只需要「聽一半」，對方跟妳說他喜歡怎樣的女孩，然後妳二話不說馬上改變成他想要

的模樣，這樣很容易出事！感情這種事千萬不要妄想「一次到位」，最好的狀態是邊磨合邊學，透過溝通去找到彼此之間相處的平衡。

透過這本書的第一個章節，讓我們試著先放下己見，好好地來面對自己，看看到底是哪個環節出了問題？我們一起去發掘幸福，尋找最適合自己的愛情吧！

戴著面具才會談戀愛

我以前也常常當假面女友，哈哈！我道歉～誰叫我談戀愛這麼弱！

從小我就是一個很沒有自信的人，尤其面對突如其來的注目或誇獎，特別容易讓我渾身不自在，可能是因為很少受到讚美，一被注意就會很緊張，這有點病態吧！

當我越在乎一件事就越失常，特別是在自己喜歡的人面前，深怕被對方看透，只能偽裝成他喜歡的樣子，一直戴著面具跟他交往，有時候裝得我也好煩好疲憊。相處的時間只要一拉長，表裡不一的樣子就會跑出來，變得很沒有吸引力，到最後不是一直吵架，要不就是被劈腿然後直接分手！

我記得以前談戀愛最常嚷嚷的一句話就是：「為什麼我總是那麼衰，老是遇到錯的人？」其實現在想想，我覺得自己也要負一些責任，畢竟和他們交往時的那個我，連我自己都不是很喜歡。

後來才知道，只有卸下面具讓對方看到自己最真實的樣貌，然後彼此相愛，這種戀愛才會真的開心而且才能夠長久。如果有人早點教我不要再戴著面具談戀愛，或許我在感情上就會順利一點吧！

選擇做自己是很有魅力的，不需要刻意去模仿，更不用假裝，可以愛得輕鬆自在！你可能會覺得天底下真有這種好事？真

有一個人會這麼愛你？相信我！真的有～因為我就碰到了，而且我也嫁給他了！

這真的是一段誤打誤撞的幸福，全都要歸功於我跟老爺認識太久，在他面前也假裝不來，所以我在這段感情放超開的啊！不需要像以前那樣，感覺什麼都要委屈自己才能得到真正的幸福。

老爺先前就知道我是一個朋友很多、個性很海派、隨性大刺刺、很愛熱鬧的人。沒料到私底下的我回到家都是比較安靜的，與其說安靜，倒不如說安逸比較貼切！

我在家不是很喜歡看電視，除了聽音樂跟小酌一杯，沒有什麼特別的生活情趣，平常一個人生活就簡單吃、簡單用，不會有太多變化，除非有工作，不然我真的是一位超級不愛化妝的人，就算長痘痘也不在乎，平時穿著非常中性，越寬鬆

Chapter_1
這段感情中，誰是誰？

越自在,在家絕對是百年黑色上衣加睡褲,更不用說穿裙子了,完全敬謝不敏。哈～聽到好笑的事會 Man 味十足地放聲大笑,生氣時罵起髒話也沒在客氣的。

你應該跟我想的一樣,很少男生會喜歡這樣的女生吧?所以我以前談戀愛的時候根本不敢露出這些面貌,只要男朋友在,就會小心翼翼,過得很壓抑,盡量迎合對方的喜好,或許是真的太沒有自信,自然就會掩飾真實的自己,這樣真的愛得好累!

相反地,我們家老爺特別愛我這樣,尤其是大而化之、不拘小節的個性,讓他覺得跟我在一起沒什麼壓力,因為他以前在高壓的餐飲業工作,每天看著形形色色的人,除了要招呼客人還要面對員工,需要一直不停地講話,下班後只想安安靜靜,找一個懂他的人陪著他,待在家哪都不去,自己料理吃頓飯、喝杯小酒,就算不說話,只是陪在他身旁看部 DVD

也很好！

跟他交往的那段時間裡，因為彼此都很真實，讓他覺得這樣的相處方式就是他想要的。你說我苦盡甘來也好，太幸運也罷，反正他就是在我最真實的狀態下撞到的幸福。

在結婚之前，我的老毛病又犯了！很沒自信地問他，真的會愛我一輩子嗎？他的回答很給力，他說我就是他等了一輩子的女人，對自己要有自信，不要擔心！要我放心，大膽地做自己吧～

那時候的我才發現，原來談戀愛不需要恐懼，不需要什麼事情都畏畏縮縮的，第一次願意摘下面具，用最真實的面貌談戀愛，那種踏實感真的是無敵美好啊！

從兩個人交往的過程裡，發現彼此的重要性，再去經營感情，

Chapter_1
這段感情中，誰是誰？

這才是真正的幸福指標。已經結婚七年多了,我們依然相愛,也是彼此的最佳默契隊友,而我在愛裡繼續快樂地成長著,也更加充滿自信。

在這世界上,每個人都是最獨一無二的,先看重自己別人才會看重你,真正愛你的人不會因為你的缺點而不去疼惜你,反而會包容你的不足,所以不要再ㄍㄧㄥ了,趕快把面具丟掉,或許這樣就真的遇到了那個會給你幸福的人喔!

王子都是這樣的

現在的你還單身嗎？是不是一直在想，戀愛分手這種無止境的循環到底什麼時候才會結束？急著怎樣才能成功脫單？希望趕快遇到給你愛、給你幸福的人？

在還沒遇到王子本人之前，你是否曾經認真問過自己，真的確定要定下來了嗎？你願意為了和王子一起在城堡裡面生活，而放棄整片森林嗎？你知道嗎？其實有時候單身真的挺不錯的！

為什麼我會這麼說呢？因為我身邊好幾個已經結婚定下來，甚至有小孩的姐妹們都遇到了同一個問題，就是很後悔那麼快步入婚姻，她們覺得應該再單身幾年，多體驗不一樣的事，

看看這世界帶來的美好，好好地去做自己想要做的事，去幾個這輩子一直想要去的國家，真正地享受只有一個人的生活。

當初急著把自己嫁出去，搞得現在的生活每天都只有老公小孩，最辛苦的是還有工作要忙，一點私人時間也沒有，更沒辦法像以前那樣，想幹嘛就幹嘛，多麼逍遙自在。跟先生的感情也不像以前那樣甜蜜，尤其柴米油鹽弄得彼此壓力都很大，超想離婚。

聽完這些我感到好心疼，畢竟我懂婚姻生活真的不是我們想像中那麼輕鬆，我很慶幸自己單身的那段日子，什麼都經歷

過，也什麼都享受過，是在確定完全不會後悔的狀態下，才跟老爺結婚的。要是再早幾年就義無反顧地結婚，搞不好我現在也會跟這些姐妹一樣，好悶好後悔吧！

其實在我過去的戀情裡，曾遇過一個近乎完美的戀人，當時差點為他放棄一切！他是一個非常貼心的男孩，平時只要有空就會接送我上下班，常常帶我遊山玩水、四處吃美食，還會不定期送禮物討我開心，而且也有一份收入不錯的穩定工作，又是個非常孝順、負責任又富有幽默感的人。相處起來也說不上有什麼大缺點，幾乎快達到我理想中的所有條件。

但如果他真的這麼好，為什麼後來沒有跟他在一起呢？呵～這就是現實生活啊！有一好沒兩好！剛開始交往的時候沒事都會黏在一起，非常甜蜜地享受兩人世界，看看電影約約會多浪漫～

但！時間一久總覺得少了什麼，對！就是少了自由……唯獨這一點是我無法接受的，我是一個不能沒有自由的人，但他偏偏是一個佔有慾非常強的人，所以我不太能獨自做事，更不用說自己出國旅遊，甚至連結交新朋友都還會讓他不開心。

跟他交往的那段期間，我幾乎不能單獨跟朋友出門，真的要出去也只能是跟他也認識的舊朋友（當然一定要女生），只要是跟我新認識的朋友或同事出門，他就一定會跟我吵架。常常無緣無故突然不說話跟我冷戰，還會挑釁要我去找那些新朋友，弄得我不知道如何是好也好痛苦。

我曾經問過他為什麼不能讓我有新的朋友，這又不會怎麼樣，而且生活總不可能只有兩人吧！他表示我應該以他的生活為主，不應該有任何改變的可能，因為這樣會影響我們之間的交往。

說白了，就是這樣他會沒辦法掌控我的一舉一動，我做任何事都要詢問過他，並且要取得同意才能去做，其實這跟婚姻生活有一點雷同，不太能有自己獨立的時間與自由，必須配合著另一半步調。

天啊！我根本還沒準備好面對這一切啊！以為完美王子的出現會帶來愛與快樂，幸福到我願意為他放棄一切，殊不知他的愛讓我喘不過氣……一開始我曾逼著自己去接受這樣的相處模式，畢竟這樣一個幾乎滿分的男友不好找啊！

但時間一久就有一種被軟禁起來的感覺，我也曾跟他溝通，承諾我不會變也會乖乖待在他身邊。但！他依然不願意放手，讓我去接觸更多不一樣的朋友跟新事物，後來冷靜下來仔細想想，要我就這麼放棄自由跟他過著你儂我儂的兩人世界，我一定會後悔然後瘋掉吧！

Chapter_1
這段感情中，誰是誰？

最後我還是忍痛跟他說了分手，還記得分手後的那一陣子，我整個人如釋重負般鬆了一口氣。現在如果再重來一次，我還是會做一樣的選擇，因為那個時候的我還沒準備好。

事實證明我的選擇是對的，我結交了很多好朋友、走遍了世界各地，也更懂得如何跟自己相處。

先好好思考什麼樣的人生才是自己想要的，然後再去找一個願意陪你共享精彩人生的另一半，所以單身的你先別急！等確定單身日子已經過膩了，再來開條件也不遲喔！

還要多少才能滿分？

以前每當喜歡上一個男生，我就會瘋狂打聽他喜歡的類型是哪樣子？如果跟我的個性、長相不太符合，心裡就會先涼一大半，覺得自己被看上的機率一定不高，畢竟誰都希望自己可以在喜歡的人那裡獲得高分的第一印象。

結果之後我索性不去管對方喜歡的類型，反正會喜歡我的人不會因為頭髮長短、個性內向外向而有所不同，是真愛自然會走到一起。與其要去迎合對方的喜好，討好對方，我還寧願就此放棄不再前進，免得苦了自己傷了心。

我有一位非常漂亮的姐妹，學歷高、身材又好，男生只要看到她，眼神都會忍不住在她身上多停留一秒，總之條件非常

好，而且很多人追，不管走到哪裡都會有很多人想跟她做朋友，在我眼中她就是一個勝利組的代表，所以總覺得她一定會遇到一個非常愛她，把她捧在手心疼的另一半。

幾年前她交了一個男朋友，對方的條件跟她非常門當戶對，也已經走到論及婚嫁的階段了，那時候我真的很看好這段感情，認為一定會開花結果，因為他們兩個站在一起，根本就是金童玉女的代言人啊！

他們交往之後沒多久，她就跟著男朋友搬到香港生活，而我也結婚、生了小孩，比較沒辦法像以前那樣常常碰面，平常都只能透過臉書看到彼此的近況，偶爾留言表達想念。

每次看她的貼文，都會覺得她在香港的生活過得好充實，學煮菜、做蛋糕甚至還會煲湯，沒幾天又看到她除了勤於健身外，還去學打高爾夫，接著又看她進修英文，後來連插花都去學了，感覺每天都有忙不完的事！

去年她終於有時間回來台灣，於是我們通了電話約碰面，見面那天是一個天氣非常涼爽舒服的下午，許久不見的我們看到彼此當然是立刻來個熱情的擁抱，我拍拍她的背，溫柔地問候她，在香港過得好不好啊？這次回來多久啊？有沒有被男朋友欺負啊？什麼時候準備結婚了啊？

當我發現她都沒有回應，一直抱著我不放的時候，我就知道這狀況不太對，一直不發一語的她突然就哭了出來，不怕旁人眼光，眼淚嘩啦嘩啦地像小孩一樣號啕大哭，我趕緊遞上面紙連忙安慰，過了好一陣子她才緩和下來，哭完的第一句話是：「我們分手了！我搬回台灣，不會再回去香港了！」

Chapter_1
這段感情中，誰是誰？

聽到這邊我嚇得下巴差點掉下來，上個月不是才看她喜滋滋地發跟男友渡假的照片嗎，怎麼突然就分開了？

但怕又傷了她的心，不敢問的太直接，只能先安慰：「妳這麼優秀，他怎麼可能跟妳分手呢？」她很沮喪地回答：「但他覺得我不夠好，不夠貼心、做菜不夠好吃，完全沒有辦法照顧他！」什麼？他是找看護喔！「妳不是都努力學習了，他還這麼嚴格？」她又接著說：「他常常會拿我跟他前女朋友比較，說她們有多好，對他的照顧無微不至，回到家他完全可以當大爺，不用擔心任何事。」

不管我這個姐妹表現再怎麼好，最後還是被他嫌到一無是處，其實她說到後面我就懂了！原來看她學這學那，都是因為想要滿足她男友的期待，但對方的這種個性，只會覺得別人為他付出都是理所當然的，這種完全不懂得感謝的大男人，真的令人很厭惡。

我想他口中那些「完美的前女友們」，應該也是這個原因才分手的，跟我這個姐妹一樣，再怎麼努力永遠都不及格，更不要說滿分了！

這世界上怎麼可能有完美的情人，別妄想了！想要擁有一段好的感情，互相彼此包容才是最好的相處之道，絕對不是一直改變自己，想成為對方心目中的滿分情人。

那天花了好長的時間聽她哭訴所有委屈，看著她憔悴的臉讓我好心疼，唯一感到開心的是還好她離開他了！像這種自以為是的人碰到一次就好，千萬要趕快轉身離開，不要逗留更不要心軟，一個不懂得感謝別人付出，還一直拿別人做比較的另一半千萬不能收編，要不然妳也有可能跟我這位姐妹一樣，要花好長的時間恢復往日的自信美麗，才能繼續追尋下一段戀情啊！

Chapter_1
這段感情中，誰是誰？

可以在他面前卸妝的男人，
才是真愛

妳是一個每天化妝的人嗎？如果妳只能帶一樣化妝品到荒
島……通常還沒問完就先被尖叫聲蓋過，怎麼可能只帶一樣
化妝品啦！妳以為每個人素顏都可以自在見人噢？別鬧了～
但！妳知道嗎？我實際做過田野調查，發現比起濃妝豔抹，
男人更喜歡女人淡妝，甚至是素顏！

登愣！不化妝誰受得了？至少不要在剛開始約會熱戀的時候
卸妝吧？女孩兒們沒有自信地說著。但真的有這麼見不得人
嗎？妳的美麗就是靠著躲在妝容後面嗎？有時候因為沒自信
而過於堅持反而會弄巧成拙啊！

有一位男性友人曾跟我抱怨過，他說從來都沒看過他的女朋

友素顏。什麼？她連去海邊也一樣化妝？睡覺？洗澡呢？我驚訝地問。這……我立馬開口安慰，這樣很好啊！每天都很漂亮不是很好嗎？有什麼好嫌棄的呢？後來還是忍不住補了一句：「雖然有點奇怪就是了！」

他聽到這馬上狂點頭說：「我覺得這樣有點恐怖，因為我完全不知道她真實的長相，會不會哪天起床看到素顏的她，就跟抖音裡卸妝後的恐怖女生一樣，感覺真的好驚悚！」

一直聽他嫌棄到我都有點不耐煩了，我再問：「難道你女朋友化妝不漂亮嗎？要不然幹嘛一定要看她卸妝啦！」他想了想……「是還滿好看的，只是她種假睫毛又戴瞳孔變色片，

再加上眼影還有口紅，根本看不太出來她原本長什麼樣子，而且她一整天頂著妝不累嗎？」

我說：「好！既然你那麼在意，那你有跟她說過你覺得這樣很奇怪嗎？」結果我朋友回了我一個很渣的答案，他說算了！反正我又沒有要娶她，現在看起來好就好了！（翻白眼）

有時候男生真的是一個很貪心的動物，最好妳很漂亮，但又要有自然平凡的一面，雖然這聽起來很讓人生氣，但某些時候真的就是這樣現實。所以妝再美，還是會有被嫌看膩的一天。

我有一個姐妹單身了很久，雖然很想脫單但一直都沒有機會遇到 Mr.Right，有一天她跟我吃飯，因為只有我們兩個，所以都沒有特別打扮，就是素顏，而且她還有點邋邋遢遢地以睡衣造型跟我坐在咖啡廳。

突然我的一個男生朋友打電話說他在附近，要順路過來找我。他到咖啡廳時還帶了他的一位男生朋友，我這個姐妹當下有點不好意思，還偷偷跟我說：「不是只有我們兩個人嗎，現在來了兩個男生，而且我又沒有化妝，這也太不好意思了吧！」當下我也就隨口說了一句：「妳這樣最自然最美了啊～」

誰知道！我朋友的那個朋友就真的看上了我這個完全素顏的姐妹，這樣自然不做作的聊天過程讓雙方都很愉快，也因為這不經意的碰面留下了很好的印象。

後來互留電話約會一陣子後，他們就開始交往，最後順利步入婚姻。他們到現在還會提起第一次見面的狀況，他老公很直白地說，就是愛她素素的清純感，跟化妝的感覺很不一樣。

很多時候不是我們自己覺得美就是美，像這樣偶爾回歸自然

也滿好的，不要被化妝品給限制了妳原本的美麗，試著讓妝容變成點綴美麗的其中一個方法，而不是決定妳美醜的因素。女人裝扮是為了欣賞自己，而不是要去迎合任何人，更不需要去隱藏。

外表讓人賞心悅目當然會更加有自信，這樣的妳也會特別美麗，但如果是因為害怕自己真實的模樣被看見，甚至沒有妝扮就會有點自卑或不自在，我倒覺得總有一天會被自己累垮！

素顏被看見沒什麼不好，要慢慢練習愛上自己不同的樣子，由內而外散發出來的魅力，是最美也是最長久的，而且，說不定妳越自然越搶手喔～

Chapter_1
這段感情中，誰是誰？

你最愛的一定是我

結婚，是一件相當赤裸的事，每天跟另一半朝夕相處，做什麼事都在同一個屋簷下，不管再怎麼藏，到最後都還是會看見最毫無保留的彼此。他或許會比妳的家人更常看到妳，也會比妳的閨蜜更貼近妳，但，就算他跟妳如此親密，卻有可能不是最瞭解妳的人！

我最常聽到姐妹們在抱怨著自己的另一半，怎麼會在一起那麼久，連我不吃蔥這件事都忘？真的是豬隊友！巷口麵店的老闆娘看到我就知道，根本不用開口提醒；我最討厭洗澡時把頭髮弄濕，為什麼他 Shower 完老是不把花灑調回蓮蓬頭，害得我總是在沖澡的時候被噴得滿頭都是？一件事講了一千遍他還是不懂？是真不懂還是裝傻？他到底愛不愛我？在不在意我啊？

以前我也會有這種迷思，總是把自己氣得半死，有一次真的受不了，前男友又再度把我最討厭的魚點到桌上來的時候（我極度怕魚），我當下直接翻臉！問他是不是在整我？難道不知道我最怕的就是魚嗎？

本以為他會語帶抱歉地安撫我，NO！他不但沒有歉意，還一副無關緊要的樣子，說妳就不要看嘛！搞不好大家想吃，妳就忍耐一下好嗎？當下整個傻眼後恍然大悟，原來這段感情一直都是我自己整自己。

如果這樣的事情一再發生請問妳會怎麼做？再一次原諒？還是直接吵起來？以前我都忍下來盡量不去追究，經過一次又

一次的爭吵後，才有如大夢初醒般發現他根本不在乎我的感受。

到底要笨幾次才不會老是為了另一半而委屈自己，妳以為只要結婚了，對方就會變得在乎妳？別想太多，那是不可能的！

愛妳的人無論什麼時候都會在意妳的感覺，甚至想好好保護妳，根本不可能忽視妳的感受，尤其又是妳最在意最討厭的事，在事情發生前就阻止這一切，那才是真愛啊！

曾看過一篇文章，分享在愛情裡不需要勉強自己去當個好人，更不需要逼自己變成壞人。有如當頭棒喝點醒了我！

男女交往的時候，就算是一件很小的事情彼此都有可能過意不去，這必須經過溝通、磨合，慢慢找到雙方的相處方式。

Chapter_1
這段感情中，誰是誰？

如果長久下來都無法達到共識，表示他或許真的沒有那麼適合妳，更不用說會去在乎妳，尤其常常為了一些小事吵架就更要留意，可以看得出來他不太會站在妳的立場替妳著想，勸妳不要太執著，往後這些事情只會變本加厲地折磨著妳，千萬不要以為自己可以當好人隱忍。

妳很愛他沒有錯，但長期這樣吵下來，再愛都不愛了，或許妳可以試著接受，但如果一段感情在一開始就需要忍耐，到最後只會把自己逼成壞人，開始去計較一些沒有建設性的問題，這樣……不歡而散也是遲早的事。

兩個相愛的人，會去在乎彼此的感覺，甚至為了和對方一起生活而努力地慢慢改變，絕對不會是只有單方自行吸收，所以不要傻了，我們要追求的是一段長久穩定的關係。

在愛情裡必須勇敢，大膽地去磨合，去試出屬於你們的節奏，

真的有摩擦也能更了解彼此，久了自然就會培養出默契而避開彼此的死穴，也因為愛著彼此，才能在深思熟慮後願意為對方退讓，找到平衡好好過日子。

一輩子很長，越真實的妳才越能找到真心愛妳疼妳的人，先試著讓對方了解妳，再慢慢觀察他到底在不在乎妳，但千萬不要連自己都放棄自己！這是需要練習的，先從第一步開始，面對現實吧！

Chapter_1
這段感情中，誰是誰？

Chapter_1
這段感情中，誰是誰？

Chapter_1

這段感情中，誰是誰？

Chapter 2

讓每次的爭吵
都有意義

關於愛的爭吵，

重點不在輸贏，

而是在於更了解彼此。

麻煩幫我叫車

以前常常幻想自己的老公究竟長什麼樣子？我的婚姻生活會是如何？我會是一個什麼樣子的老婆？還會跟我之前談戀愛一樣，老是在吵架嗎？真心希望能遇到一位懂我的另一半。

多年後，再來回想那個時期的幻想，很慶幸，現在的我是幸福的！自從出了第一本書之後，就有很多人問我，妳到底是怎麼找到這麼好的另一半？疼妳、寵妳，還會幫忙做家事，甚至願意自己帶孩子，讓妳跟朋友出去透透氣！這天掉下來的好男人被我碰到，我必須得說，這不是憑空得到的幸福！

我跟老爺兩個人結婚短短四年內，生了三個小毛頭，結婚至今即將邁入第八年的我們，平常生活還算甜蜜，當然這是因

為我們夠瞭解彼此的個性及生活習慣，所以已經不太會為了雞毛蒜皮的事情吵架，就算真的吵起來，我們也都會盡量在最短的時間內平復。

因為我們都不愛爭吵更不喜歡尖峰相對，這部分我跟老爺都還滿有默契的，遇到不開心的事盡量試著用講的，而不是用吵的。看到這邊很多姐妹們會覺得，哇！太好了～遇到這樣的先生真是太幸運了，不像我旁邊這位都是用生命在跟我吵，每次吵到心力交瘁就算了，問題依然沒解決，最後我連看到他的臉都討厭！

對於這樣的無奈我很能感同身受，吵架真的是一件很傷感情

的事，誰會喜歡兩敗俱傷呢！

我跟老爺剛開始交往的時候也跟大部份的人一樣，花了好長一段時間磨合，絕對不是一開始就這麼理性。過去也是一吵架立馬拿出最惡劣的態度，直接一次 Diss 到讓你痛死的那種，尤其是像我這種悍妹子，什麼架沒吵過就怕吵輸！

談過那麼多段戀愛，經歷過多少激烈爭吵，早已練就一身無堅不摧的吵架本事，吵架就是一定要贏，無法管住自己的嘴巴，總是要來那麼一句厲害的，而且一定要先發制人才過癮，要不然幹嘛吵呢！

記得以前有一次為了一件小事跟老爺吵架，吵到他完全不想跟我說話，理都不理，最後發狠直接東西搬一搬走人，把我家鑰匙放在桌上，手機簡訊留下「保重」兩個字之後人就不見了！

對！就這樣真的沒有再跟我聯繫，一開始我還很開心覺得我贏了，內心裡十分得意。心想，哼！敢這樣跟我吵，老娘我可不是這麼輕易就被吃定的。

但！一天兩天過去，真的就這樣完全沒有音訊耶，到後來我有點耐不住性子了。一頭霧水地想：就這樣分手了嗎？我以為老爺只是鬧脾氣很快就好了！事情有嚴重到完全不打電話、不發簡訊嗎？我們不是很相愛嗎？一聲不響就離開到底是什麼原因？難道就因為那天的吵架？

拖著拉不下臉的白目個性又過了好幾天後，有一天晚上，我很難過地灌了自己一點酒，借酒壯膽打電話給老爺（該死的自尊心啊！），我一聽到他的聲音，直接潰堤哭得淅瀝嘩拉，跟個孩子一樣。

我哭著問他為什麼要這樣？到底是犯了什麼滔天大錯，要這

樣完全沒有任何音訊地直接離開，難道都不擔心我，也不好奇我過得好不好嗎？我跟他說我好想好想他，請他不要再生我的氣，可不可以快點和好？

（題外話～有沒有覺得沒有那麼硬ㄍㄧㄥ的自尊心，主動示弱說聲抱歉其實還滿好的，除了給自己一個台階之外，聽說男人也超愛女人這樣的柔軟態度，完全會勾起他們的憐憫之心。ㄟ……筆記筆記喔～這可是大招啊！）

那天晚上他感覺我喝得很醉，再加上聽到我可憐兮兮地無條件投降，很快就回到家裡來照顧我（哈哈得分！），隔天起床裝沒事的我，像貓一樣在他身邊轉啊轉的，老爺態度才終於軟化願意溝通，要不然他真的超級無敵強硬，根本沒得談，完全是典型的大男人吃軟不吃硬，硬起來拼老命。

他恢復理性後說和好不代表沒事，老爺直接表達點出了整件

事情讓他難以忍受的關鍵。他覺得我吵架的態度很機車又太高傲，而且完全不把他當一回事，聽到這當下我內心的小惡魔翻了兩萬個白眼，Come on！吵架ㄟ～誰還跟你客氣，絕對是氣勢取決一切啊！

顯然他不這麼想，他覺得吵架是一種磨合，重點不是在論輸贏，溝通的過程更不應該這麼咄咄逼人，這都是一段感情的致命點。問題是那時候都已經吵紅了眼，怎麼可能想這麼多，肯定是猛烈攻擊，也因為這樣傷害到他，才讓他抓狂，當下直接放棄轉身離開，冷戰到我投降求和。

我有點不情願地問他：「如果我都沒有聯絡你，我們之間的感情就真的這樣結束嗎？」他毫不猶豫地回答：「是。」聽到這個答案的當下我有點不高興，也很震驚！為什麼？因為這樣吵架就放棄我們之間的感情？那我也太不重要了吧！

他覺得我們不是小朋友，如果談感情還要這樣幼稚挑釁、沒有建設性地吵，那乾脆不要浪費彼此的時間，長痛不如短痛。妳不尊重我，那我也不需要花太多心思在妳身上，更不用說要繼續在一起。

語畢的同時，我的臉有點熱熱的，這還是第一次有人這麼理智認真地跟我情感溝通，害我有點理虧，都不太好意思了。

好啦！我承認我太好面子了！這段感情我確實帶著些許傲氣，畢竟以前談過很多戀愛都不是很順利，讓我在感情中非常不願意示弱，一吵架就會變成刺蝟保護自己，加上自尊心作祟，怎麼願意低頭呢？不像老爺在餐飲業待久了，面對情緒問題能夠理性地解決。

幾次爭吵下來，不但磨掉了愛面子嘴硬的那一塊，還完全修正了我對另一半的態度，面對老爺這位可敬的對手，我真的

完全沒輒，每次跟他起衝突，我的吵架功力基本上是全廢的狀態。他不帶任何激烈情緒的溝通，總是能夠輕易地說服我，也確實在我們的感情上做了很多有建設性的事。

他教會我幾件事情，在婚姻裡的相處之道是創造和諧，而不是過招比輸贏，不能像我以前那樣任性。剛開始交往時，架可以吵，而且還是越多越好！透過爭吵、磨合，可以很快建立起感情的基礎架構。

但，切記！「吵架要吵得有禮貌！」什麼！你說什麼？誰可以幫我叫個車！吵架要有禮貌？怎麼有禮貌？吵起架來刀光劍影，誰能忍住火氣，難道要敬完禮才開始進攻，這怎麼可能？

百思不得其解的我最後求救柔媽，經過她的提醒我才恍然大悟，老人家一語道破，直白地說出為什麼我老是會遇到不對

的人，而且談戀愛大部份都是不好的結果，會不會其實是自己在處理感情有很大的問題？該不該檢討檢討？這才真的讓我不得不冷靜下來面對問題。

輸贏對我來說已經無所謂了！我只想要一段穩定的愛情，真的不想再重蹈覆轍，一直在感情的課題裡輪迴，自我欺騙地鬼打牆，那真的讓我心力交瘁，是時候長大了！

當我有這樣的決心之後，幾次在跟老爺爭執時，我都刻意壓著自己的脾氣，開始試著平心靜氣處理自己的情緒，相愛最基本的是互敬，只要彼此心中都有一條這樣的界線，再怎麼吵也不會吵到傷了和氣。

姐妹們也別太擔心，這不是與生俱來的能力，這是需要練習的，在好多次的廝殺中了解彼此也清楚雙方的脾氣後，建立出一條和平界線，接下來就是盡可能地互相包容，這會是感

情越來越好的捷徑。

如果妳也跟我以前一樣很嚮往一段美好關係，真的可以反其道而行，從「爭吵」下手，換個不一樣的方式面對感情。關係是需要彼此努力經營，而不是隨意地摧殘、破壞，與其吵到感情消失殆盡，倒不如為了彼此從爭吵中做更好的調整，我想，這是邁向幸福的一個決心，只要妳相信，就能改變！

一個巴掌拍不響

在什麼樣的情況下，妳跟另一半對話會需要仔細思考，並且處處站在對方立場設想，或小心翼翼深怕說錯話讓他不開心，我想除了熱戀期外，應該就是做錯事要「喬」的時候。

剛開始談戀愛那種半生不熟曖昧期，每天甜滋滋希望能夠在對方面前保持形象，不太會讓自己失控被討厭，當然也是因為對方還沒釋放一些現實面跟真實性的樣子讓妳看到，雙方都還有所保留，停在愛情美好的時候，所以在說話的時候不太會有過大的爭吵跟不高興，這就是熱戀的時候才會有的囉！

至於做錯事在「喬」的那種，肯定是交往一陣子，彼此太熟、

太瞭解，已經很清楚知道對方的點，但因為還是很在乎他，深怕踩到這個地雷，所以在講話跟語氣表達上會特別貼心地設計一些對白，必要時甚至使用「善意的謊言」，把這顆情緒炸彈引導到空地成功引爆，拆彈順利後，營造出完成沒有任何爆裂爭吵的樣子，就是為了要安全下莊，好裝沒事的繼續過日子。

不管妳是哪一種，有沒有發現這都是在非常刻意的狀態下，才能維持的甜蜜關係。是什麼讓這甜蜜關係變質呢？當我們對另一半失去了耐心，開始會有不耐煩的時候，再怎麼甜蜜的關係都會開始變質。

我有一對情侶朋友，剛開始在一起的時候，到哪都黏在一起，談到彼此都洋溢著滿滿幸福，幾乎天天見面，就算沒見面也都會和彼此通電話報備行程，好不甜蜜啊！

但這甜蜜時光維持不到半年，竟然演變成天天吵架，有時候兩人私下吵不夠，就連當著朋友面也是大吵特吵，互相言語霸凌互相傷害，除了令大家非常尷尬之外，也常常讓人捏一把冷汗。

這些在外人眼裡非常偏激的對話，他們都覺得是在「溝通」，永遠都是怪對方聽不懂才會越講越激烈，因為對彼此已經都失去了耐心，所以錯把吵架當成溝通，最後當然分手收場啊！

想到他們最初相親相愛的畫面，到最後居然彼此討厭而反目成仇，連朋友也當不成，在我這個旁人看來，他們真的是一

對很可惜的情侶！

以下整理出幾個吵架時不能犯的致命錯誤給大家，希望能多讓一些有情人可以終成眷屬。

1 不要人身攻擊，更不要得理不饒人地失控咆哮，除非你確定要結束這段關係，不然千萬不要這麼做！

2 吵起架來完全不給對方面子，當著所有人的面說他壞話，甚至故意拉攏其他人當仲裁者，讓他沒有台階可下甚至丟臉，沒有一個男人受得了被這麼對待！

3 千千萬萬不要在吵架的時候講髒話，當你使用了這項工具，一定會激怒對方，沒事都會變有事！

4 明知誤會了對方的意思，還指責對方表達不清，故意

想要占上風的姿態不願意道歉，這種公主病是戀情的致命殺手啊！

5　在吵架的時候不要輕易離開現場，這樣只會讓事情越來越複雜，想辦法讓彼此冷靜各退一步，當面解決問題才是不傷害感情的最佳方式！

6　過去的事就不要再拿出來吵，更不能追過去吵架的舊帳或揭彼此瘡疤來 diss 對方，這樣的感情模式，直接說 Bye Bye 比較快！

7　每次溝通都抓不到重點，這樣的行為會讓男人非常倒胃口，誰喜歡笨蛋呢？

8　老是只想到自己，完全沒有站在對方立場替對方著想，這樣應該很快就被分手了！

9   愛拿他跟別人比較，不管妳多正，都極度討人厭！

10   拒絕自問自答的溝通方式，適時停下腳步，留點空間，聽聽對方想說什麼！

以上這些幼稚致命招都是我血淋淋換來的經驗！之前的戀情多都是吵到憎恨彼此，自然也就不歡而散。

最好的溝通方式之一，就是要盡量管好自己的嘴巴，說話一定要收斂，不能口出惡言。我們常說一個巴掌拍不響，不要激怒對方，就能夠減少爭吵的發生。

練習把吵架批評的嫌棄轉化成理性溝通，促成溝通的小智慧就是心平氣和地慢慢說，記得溝通的時候，說話口氣緩和，過程裡可以說一些發自內心的感謝和誇獎他的好話，再接著繼續聊下去，這樣才不會激起彼此捍衛的本能，又往死裡爭吵。

姐妹們，先仔細思考這段感情或婚姻妳要的結果是什麼？再想想自己是不是已經跟一開始認識他時，那個愛來愛去的小妞不一樣了！

我們要的是好的結果，不管用什麼方法就是希望能夠真正解決彼此之間的問題，所以面對另一半態度至關重要，只要有一兩次從溝通到激烈爭吵（通常我們都以為是溝通），就有可能失去對方對妳的信任，層層的關係都是一體兩面的，千萬不要當自己感情的破壞者，要當親密關係建造者，把握上述幾個原則，維繫感情真的不難！

Chapter_2
讓每次的爭吵都有意義

只要能屈能伸，
全世界都是妳的

有人說在一段感情裡，通常都是比較不愛的那一方比較佔優勢，所以有些人就會想要找到愛自己多一點的另一半，這樣在一起比較輕鬆，也不用老是想到對方，以防自己失去自我。這看起來好像很自私，但確實很多人都是這樣想，但不那麼愛，久了……會不會真的就食之無味了呢？答案是會的。

我有一位很聰明的女生朋友，她談戀愛很有自己的一套，比如她每次都會找愛她比較多的男人，但交往沒多久最後都是分手收場，大部份的原因都是她後來對對方無感，兩人在一起也沒有激情，於是態度慢慢冷淡後，男方不是自討沒趣自動提出分手，要不就是很傷心的離開。

這些年常常看她在換男朋友，身為朋友的我看得一頭霧水，如果她談戀愛是為了有人在身邊愛她，那對方愛了她應該要很開心才對，但她卻選擇不要了？如果沒有那麼愛幹嘛談戀愛？浪費自己的時間就算了，還會減低自己遇到更好男人的機會，何必呢？

有一天我實在忍不住就問她為什麼要這樣？不問還好，一問她的答案讓我非常驚訝，她說是因為害怕自己投入太多感情，用情過深，哪天真的走心了！萬一對方不愛她了，她會很傷心甚至崩潰，就是因為怕自己會難過，所以才選擇和愛她比較多的人交往，這樣她既可以談到戀愛，又不用擔心自己會受傷，因為就算真的分手了，也不會那麼痛！

這⋯⋯是什麼神邏輯啊？不過聽她這麼一說，我大概懂為什麼她的戀情常常會不了了之，也完全明白為什麼她談戀愛總是這樣的結局了！

我這個雞婆特性又忍不住了！繼續問，到底是從什麼時候開始變成這樣的？還是妳談戀愛一向如此？她皺起眉頭搖搖頭⋯嘆了一口氣說，她曾經談過一段刻骨銘心的戀愛，當時他們在一起的時候很快樂也非常情投意合，雙方也見過彼此的父母，她很有信心地覺得這段感情很快就會有好結果！

誰知道經過長時間相處後，男方還是覺得他們個性不合，不適合結婚，原本期待很高的她最後慘遭分手，面對這樣的結果她非常錯愕，從那個時候開始她對愛情就失去了信心，甚至對愛情產生了恐懼，可是她還是很渴望遇到對的人、找到幸福，所以就自作聰明地用這種鴕鳥方式，逼自己面對愛情不要太認真。

那天我們聊了好多，除了戀愛的經驗分享之外，還是鼓勵她再一次去嘗試相信愛情，我告訴她，下一次不要再盲目地去愛，因為這樣是不會成功的，別再讓不好的回憶拖累自己的未來，我們必須勇敢地面對，試著在每一段戀情中，讓自己越來越堅強，學會保護自己，也更清楚自己要的是什麼，這樣才會離幸福越來越近。

千萬不要輕易地被打倒，就算遇到不對的人也不要畏縮，更不要責怪自己，永遠要記得，沒什麼比自我控訴還恐怖，一定要打起精神給自己力量，因為只有自己才能救出自己，逃離這樣的愛情詛咒。也千萬不要相信誰愛誰比較多才會得到更多的愛，放下心中的顧慮，才能遇到對的人！

她默默不語安靜了一段時間後，點點頭答應我，願意再給自己一個重新相信愛情的機會，因為她還是真心希望能想找到可以跟她共度此生的那個人。

令人感動的是現在的她真的很幸福，有著一位愛她的先生，而她也深愛著對方，感謝她的信念帶她找到今生摯愛，還好那個時候她願意再努力一次，才能遇見這樣美好的結果。

曾經我也和她一樣害怕愛情，害怕戀情失敗會再度崩潰，所以把自己的心封閉起來，總是自暴自棄，覺得幸福離我好遠好遠，於是就延伸出一套自己的戀愛方式，從此與幸福背道而馳……

直到我遇見了老爺，才又再一次相信愛情，相信自己能幸福。到現在我真心感謝自己，願意跨出那一步，我知道這一路下來很不容易，很多時候都不知道怎麼遇見 Mr.Right。但！妳必須相信一定會遇到。

別怕……我們都值得被愛，只是妳願意再為自己勇敢一次嗎？

Chapter_2
讓每次的爭吵都有意義

前方地雷區，
請繞道而行

每個人天生就會有屬於自己的個性，這原始的個性會因著原生家庭的環境而有所改變，等我們進入群體生活，慢慢適應大環境，學習應對進退，才會形成一個較成熟的個性。

話雖如此，但從一個人的脾氣跟處理事情的方式，還是會有百分之 70 受從小到大生長的環境影響，而反應出每個人的不同個性。這也是為什麼我們在談戀愛的時候常常不明白另一半，有些事情明明沒什麼大不了，為什麼會這麼生氣甚至暴怒？

這都有可能是因為成長過程中一些深刻的回憶，導致在他人格裡埋下了地雷，只要不小心踩到，就會被炸得灰頭土臉，光是想像就有點令人害怕。

我記得曾經因為這樣跟老爺有過幾次莫名其妙的爭吵，只要聊到一些事情，老爺就會突然生氣不説話或自己生悶氣，他這樣的反應讓我非常不高興，可是也不知道到底是哪裡出了問題？

但總不能每次都要這樣吵吧！最後實在受不了這樣僵持，我不得不讓自己冷靜下來，去抽絲剝繭找出老爺生氣的原因，到底是哪個環節讓他這麼怒。

於是挑了一天老爺心情好的時候，用很委婉的口氣詢問為什麼他會有這樣的情緒，了解過後意外發現老爺的地雷區，原來是從小生長家庭的氛圍所造成。

公公是學校教官，個性比較內斂嚴謹，婆婆是電影配音界的翹楚，個性海派人緣極好，所以家裡一直都是女強男弱的狀態。

老爺説每次看到婆婆碎念公公或跟公公吵架的時候，公公都是處於比較低姿態的，也就是任由婆婆宰割的狀態，畢竟婆婆是配音員，説起話來鏗鏘有力、頭頭是道，那氣場不用想就知道，場面一定很驚心動魄，就算公公要説些什麼應該也講不過婆婆。

沒錯！就是小時候的這個畫面烙印在老爺腦海裡，婆婆的表情跟咄咄逼人的語氣，讓他從恐懼到極度討厭這樣的溝通方式，這一直影響著他。

每當我開始滔滔不絕或口氣強硬了點，他就會想到小時候公公婆婆在吵架的畫面，導致他本能地排斥及厭惡，然後就會易怒，畢竟這是他小時候的陰影，會不舒服也是能想像的。

Chapter_2
讓每次的爭吵都有意義

當我弄清楚了這樣的狀況後，也比較能體諒為什麼有些時候老爺會對某些事情反應特別大，而我也覺得必須將心比心地替他著想，因為我非常可以理解那種出自本能的反應。

就像我以前談戀愛一樣，大多時候總是遇到不對的人，傷心久了就會覺得每個人都一樣渣，所以只要有一點不舒服的感受，自然而然就會引起極大的排斥反應，那個時候老爺很貼心地體諒我，除了給我心理建設之外，也告訴我那不是我的問題，要我一切都慢慢來別擔心，他不是會傷害我的人，也盡量讓我不再去碰觸到不愉快的回憶。

直到我慢慢恢復自信，他都這樣溫暖地對我，那我當然也要更細心陪伴他，互相體諒讓我們彼此更懂得珍惜對方。所以，自從了解老爺原生家庭帶給他的情緒反應後，每一次跟他聊比較嚴肅的事情時，我會刻意用溫柔語氣跟撒嬌的方式，避

免又勾起他那些不愉快的回憶。

多了這樣的尊重後，久而久之我們再也沒有為這樣的事情吵架！反而因禍得福，讓我們的感情越來越好，關係也更加緊密，也因著這樣的互相成長，讓我們更願意去為彼此做改變。

這也讓我學到，在一段關係裡或許很多事情我們一時看不明白，但只要用心去了解、解決，都會有更好的發展。事情都是一體兩面的，當我們揭開了那些看不到的陰暗面後，用愛與包容撫平，會獲得更多的愛。

同時在愛情裡，面對重重困難時不要害怕，試著用更正面的方式，來解決長期一直困擾著你們的問題，或許也會有更甜蜜的收穫，這是我維持婚姻熱度的一個小秘訣，分享給大家，希望姊妹們在戀情或婚姻上，都有更好的關係唷！

Chapter_2
讓每次的爭吵都有意義

勝利總是寂寞的

「如果有來生，我願做你的妹妹，即使我們無法步入婚姻的殿堂，我也可以做你永遠無法割捨的親人！」這段話是來自於張愛玲的經典愛情語錄，看完這段話妳有什麼感覺？真的有人這麼傻嗎？

Emm ⋯⋯還真的有！這樣的人確實存在，而且還不少，常常當不成對方的女朋友就會出現這樣的想法，因為已經愛到無法自拔，女人對愛情就是如此盲目，寧願犧牲自己的幸福，也不願意離開！

我覺得這樣的關係是很可憐也很孤獨的，我曾經就目睹過一段這樣辛苦的感情。男方是一個條件不錯的人，個性很外向

也很貼心，還會愛屋及烏，所以他女朋友身邊的朋友也常常會被他照顧。

比如會記得妳的喜好，愛吃什麼討厭什麼；一起去餐廳吃飯他會很紳士地直接付帳；晚上大家一起出去玩會幫忙叫計程車，還會記車牌號碼；甚至有時候還會開車跟女友一起多繞一段路送友人回家。有什麼煩惱他也很願意傾聽、為你解憂。

好了！以上是很多男人無法做到的貼心。但！我想說的不是他有多好，而是這樣的個性很容易就會讓人誤會，非常嚮往這類型男友的女生很容易會意亂情迷，單方面墜入愛河。

曾目睹過這段辛苦感情故事的女主角，他們是大學的同班同學，都以好兄弟稱呼彼此，乍看之下確實很像閨蜜，但實際上是這位女孩單戀他非常長的時間。她很清楚這位好兄弟不會選她當女朋友，所以她退而求其次，佔了好朋友的這個位置。

多年來這位女生一直沒有談戀愛，所以隨時都可以陪伴著這個男生，為什麼我會發現她傻傻地單戀著他呢？有一次我們在一塊吃飯，男方突然帶著現任女友赴約，我不小心看到這女孩失望的表情，才知道她對他的愛不只是閨蜜。

用餐結束後這對愛侶先行離開，我才問她為什麼要這樣守著這個男生？難道沒辦法轉移注意力，去談個戀愛試試看能不能結束這段不健康的關係。

聽完我的問題後，她像小孩一樣哭了出來，她說她知道這樣

是不好的，也曾經試著跟其他男生約會，很努力地想擺脫，可是她只要接到這個男生的電話，聽到那友達以上戀人未滿，像家人、像男友的溫柔關心和呵護，她就再次跌入這痛苦深淵裡，無法抽離。

最後她決定以好友的方式留在他身邊，我怎麼勸她都聽不進去，只好無奈地拍拍她，希望她能好好為自己著想。

前一陣子我去參加了那個男生的婚禮，當然新娘不是我那位朋友，我跟她被分配在同一桌，她跟我說這個男生在跟女友求婚完沒多久，就跟她說他老婆很介意他們之間的關係，之後沒辦法像以前那樣常打電話跟見面了。

說完後她又默默地流下眼淚，整晚這位女孩都相當惆悵地望著他們幸福的背影，讓我超級心疼，雖然這是她自己的選擇，這麼多年來也不見她有任何改變，這樣的深情卻換來一場

空，是不是真的很笨？而且笨慘了！

讓自己落到如此不堪，何必呢？女人在選擇愛情的同時必須要先了解一點：這樣做值得嗎？有必要這樣糟蹋自己的青春跟幸福嗎？

拜託千萬不要～快醒醒！不要這麼壯烈地犧牲自己，這樣的勝利背後都是非常寂寞的！妳死爬活爬也要爬出這段畸形戀愛，請戒掉這樣的毛病，因為除了可憐的妳之外，還會辜負了身邊愛妳、疼妳的家人朋友們。

Chapter_2
讓每次的爭吵都有意義

世界上最遙遠的距離

從相識到熱戀是一段感情裡最開心、最快樂的時候，無時無刻想看到對方，想聽到對方的聲音，最好每天都見面，只要在一起做什麼都好，最後願望達成，開始同居時，真的覺得回到家連空氣都是甜的。

一段關係在短時間內到達一定的親密度時，愛情的新鮮感就會逐漸消失，慢慢地就會影響到彼此的感情，等到蜜月期過後，就會把彼此拉回正常生活裡，少了點激情跟熱情，就像朋友、像家人、像老夫老妻生活在同一個屋簷下，直到彼此做下一個決定，不是結婚就是分手了！

我覺得這兩個答案其實都挺好的，至少都能解脫，妳一定會

想「我怎麼會這麼説呢？」我覺得一段感情能有這兩個結果，都是一個好的結束，至少可以進入下一個階段。不是再繼續磨合，成為彼此更好的人生伴侶，或者就從此不需要再相見。不需要明明在交往卻過得像室友一樣清清淡淡，這樣至少不會浪費彼此的青春，一段感情最怕的就是食之無味棄之可惜地拖著。

我有一對情侶朋友交往了將近十年，剛開始在一起時兩小無猜，就跟我上述説的一樣非常甜蜜，幾年過去之後雖然還是常常出雙入對，但感情就是淡淡的，好像陪伴彼此已經是一種習慣，當然這樣的愛情生活跟婚姻有點像，但又不像結婚那樣踏實，總感覺少了一點什麼。

我聽著這位姐妹說著他們的相處，我問她：「妳跟他在一起這麼久了還不結婚嗎？你們現在的生活跟結婚沒兩樣啊！都在一起這麼這麼多年了還考慮什麼呢？」

她說有跟男朋友聊過，但！她男朋友總是找一些藉口來當理由，一開始說還沒存到錢，怕苦了她，後來又問他們的感情有差那一張紙嗎？最後說想好好拼事業，等成功了再說，諸如此類的爛理由，她也沒有辦法，只能繼續等待哪天他真的願意娶她。

看得出來我這個朋友很愛她男朋友，我也就不便再多說什麼了！畢竟勸和不勸離嘛～誠實豆沙包的話不適合她聽，就算說了也聽不進去，既然吃力不討好，那我就陪她聊聊解解悶吧！

但那天碰面聊完沒多久，她就哭著打給我了……她說發現她

的男朋友偷吃，問我怎麼辦？天啊！這還用問嗎？當然是分手啊！難不成要原諒他繼續在一起嗎？多噁心啊！拜託別鬧了好嗎？

她說捨不得這麼久的感情，也不希望這麼難堪地結束，她花了 10 年的青春在這個人身上，她不甘心。就是這份不甘心耽誤了她的決定，又再多糾纏了幾個月，我怎麼勸她都不願意分手，直到他男友繼續跟偷吃對象偷偷聯繫被她發現，她才真的死了這條心。

當然陪伴她走出來的這段期間裡，我一直鼓勵她，也讚賞她如此勇敢，這種撕心裂肺的痛與萬丈深淵的失望，確實是需要一段時間才能好起來，但要相信一定會好起來的，等用時間療癒了這個傷口後，再回來想想當時自己怎麼那麼笨，當感情變淡變無味的時候，就應該鼓起勇氣做決定了！

生活在同一個屋簷下卻同床異夢，這是一段關係中最可悲的遙遠距離，何必委屈自己去期待一個不會給妳承諾的男人呢！

當然不是說多年的感情不會開花結果，而是當交往超過三年，就必須要先做心理建設，有可能這段感情會無疾而終，評估一下是不是要繼續陪伴彼此，如果妳願意繼續交往，就不要期待他能給妳什麼，畢竟這是妳自己選的，他給不起的承諾也不能怪誰！

最重要的是千萬不要有不甘心的心態，一不小心賠掉自己的青春，換來無感的「室友生活」，不適合、不對了就勇敢地解決吧！別讓自己的決定壞了本該擁有的幸福！

Chapter_2
讓每次的爭吵都有意義

生活中的小細節，

讓我們知道對方就是「對的人」。

Chapter 3

×

我們的愛，是陪伴

超人背後的力量

每個英雄背後都會有一個幕後推手，像鋼鐵人有小辣椒當他的萬能秘書；蝙蝠俠有不離不棄的阿福管家；李安導演有愛他的老婆給他身心靈的陪伴。

這麼難能可貴的事情，有時候真的可遇不可求，尤其要當英雄背後的神隊友，EQ、IQ 要有多高呀！碰到事情不能慌、遇到瓶頸不能輕言放棄，更不要說相夫教子、扶持一個家有多麼地辛苦。

而這幾年，我從婚姻生活裡領悟到一件事：和諧的生活都是透過彼此磨合學習而來的，沒有與生俱來的完美夫妻。但沒有關係，需要的只是時間，時間可以幫助你們，讓彼此慢慢

變成超乎完美的兩個人。

不過，如果想要有開心的婚姻生活，就必須把握幾個原則：首先，無論為對方做什麼事情，妳都要試著心甘情願地去完成。

這裡指的心甘情願是有前提的：如果妳對這件事情有疑慮或阻礙，甚至不想做，可以有自己的小情緒，但問題還是要解決，等消化完自己的情緒後，妳就必須去試著溝通，找出有沒有什麼方法可以讓妳心甘情願地妥協或執行。

婚姻裡有些時候真的需要一些理性的過程，這會讓另一半覺得妳很有智慧且非常迷人。千萬不要帶著怨氣做事，這比什

麼都不做還要讓人討厭。

第二：盡量去發掘另一半比較不擅長的事情，然後再適時助攻，這是超強的婚姻秘技。在他需要面對這些事情時，要是我們可以替他分擔、為他加分，他肯定會對妳愛不釋手，因為這世界上只有妳懂他！

打個比方好了，老爺比較不愛跟人交際應酬（雖然他曾經是餐飲業的主管，每天必須交際應酬，但或許也是因為這樣，私下的他才厭倦過度的交際），當我知道這是他不喜歡做的事，為了讓他舒服自在，我就會特別替他避免掉需要交際應酬的場合。

從此之後，他感覺到我很在乎他的感受，對我的信賴感也與日俱增，但對我來說，這比在家做家事還簡單啊！為什麼不做？

最後，請為妳的另一半建立自信心，因為絕大部份的男人都是需要另一半肯定跟鼓勵的，跟孩子一樣。所以，就算他做的只是一些小事，也不要吝嗇我們的讚美，不要覺得給多了甜言蜜語會讓他自以為是，其實，留一點小舞台讓他感受到被崇拜，就是幫他建立自信心最快的方法。

要記住：就算是英雄，他的強大也是建立在忠實觀眾的支持上。因此，當他遇到心煩的事時，你可以給他方向，但不要幫他做決定，最後一步一定要留給他去做，就算做錯了又如何，再一次努力就會更接近成功，而且，這陪伴過程中的點點滴滴，正是婚姻中最難能可貴的事。

尤其是我們女人就愛雞婆，什麼事情都要往身上攬，就算做不好也不願意交接給另一半，因為我們追求盡善盡美，不容許任何出錯的可能，於是乾脆一人當三個人用，把他該負責的部份也一次搞定。

現實層面上，看似把問題解決了，卻忘了他也有感覺自己被需要的需求，一旦前面幾件事都沒他的事，那以後就真的沒他的事了！

在婚姻中先抓到一些好的平衡，再花心思持之以恆地維繫下去，妳的堅持就會為婚姻帶來很好的潤滑唷！

做個安靜的小公主

我曾經是一個很愛打破沙鍋問到底的人，什麼事情都要問得清清楚楚，越是好奇的事越是想馬上知道，可能是因為從小常被教導「有問題不懂的就要發問」的緣故。但出社會後，我發現這樣的習慣未必是好的，因為並不是每個問題問了都有益處。

當然，不是說不能問，而是要看什麼時間、什麼人、問什麼樣的問題，千萬不要傻傻地亂問。對於一個擁有高 EQ 聰明的女人來說，大智若愚都比一直魯莽開口問問題來得好，尤其是婚姻上，更需要這樣的智慧。

有一次我們一群夫妻檔出遠門去玩，在大家朝夕相處的那幾

天中，我不小心看到其中一對夫妻很尷尬的相處模式。

先說他們的背景：先生是金融業的主管，而太太以前是某企業的業務，結婚後辭職當家管，這個旅行是他先生百忙之中硬喬出時間，想著帶她出門輕鬆休假才來的。

席間她先生突然接了一通從公司來的電話，而且臉色看起來不是很好，這位太太不知道是不是離職太久腦筋比較鈍，還是神經真的非常大條，直接在大家面前追問她先生到底發生什麼事情。

起初她先生還委婉地拒絕她繼續追問，這樣會掃了大家的興

致，小聲告訴她：「有什麼問題晚點再說。」但！對方不但沒死心，反而咄咄逼人、不斷詢問，導致大家超級尷尬的幫著她先生打圓場，可即使如此，我們也沒想到，她先生突然發飆拍桌子，最後直接開車走人，留下錯愕的她跟驚慌失措的大家。

雖然當天晚上她先生還是有回來，但他們夫妻難免有點不太愉快，大家也不想再滋事，只好裝作沒看到，彼此小聊一下、吃吃喝喝完就各自回房休息。

一回到房間，老爺立馬耳提面命跟我說：以後千萬別像他老婆那樣，自以為是又沒有場合感，瘋狂追問會讓對方不舒服的事情。別說是她先生了，就算是當朋友也不能這樣啊！而且老爺特別嚴肅地跟我說：「她犯了男人的大忌。」什麼！犯了大忌？那麼嚴重啊？

這個大忌就是：她沒有給他老公面子。雖然她先生臉色不對，但她不應該直接當著大家面前問，而是要私下詢問才對，這是最基本的尊重跟禮貌。她沒有顧及她先生未必願意讓大家知道發生什麼事情，而且對方也已經告知她不想回答，當下她應該盡量先安撫她先生，等他的心情好一點，再找機會問問對方願不願意分享。

我能理解老爺的意思。其實，當另一半心情不好，或者遇到什麼問題的時候，當下最好先安靜地陪伴就好，等他自己消化完情緒後，自然會慢慢把話說出來。

藉著這對夫妻的吵架事件，讓我再一次見證：寧願當個貼心的小貓咪，安靜陪伴，也不要莽撞地開口，否則很容易傷害到彼此的感情。

特別是對待自己重要的人，多用點心會比較討喜喔！

相像的人只能欣賞，
互補的人才能長久

以前談戀愛的時候，只要遇到跟自己個性、喜好很像的男生，我就很容易被吸引，總覺得在一起一定是一拍即合，不管做什麼事情兩個人都會很有默契。

重點是因為彼此心意相通，不用在溝通上花費太多時間。只要在有生之年中遇到一位跟自己很像，甚至幾乎是自己翻版的男朋友，我光想像就會笑，那是多麼幸運的事啊！

可是當真的在一起一陣子之後，我發現事情好像不是自己想像中的那個樣子。我似乎想得太簡單了，萬萬沒想到彼此個性相像也會是個問題！如果因為相像，所以連討厭的事情都一樣，那事情誰來做呢？

例如：我和他都很怕麻煩，所以不管做什麼事都很隨性，想到什麼就做什麼，幾乎完全不會規劃，這導致我們在一起生活很沒有效率，常常把事情拖到最後才願意去解決。

我們同樣熱愛自由、討厭被束縛，也都說好不能去約束彼此，但久了難免產生問題：他常常跟朋友膩在一起，忽略了我也需要陪伴。而且，個性相似的話，連彼此的缺點也會很像，我們都不愛溝通，常常因誤會彼此的意思而吵架，又都愛面子，不願給彼此台階下，每次吵到最後都不知道在吵什麼。

再加上可能因性格相仿，所以都不太會為彼此的感受著想，相處到後面只會剩下對對方的反感、心累。最後，我們雙方

還是決定退回朋友的位置，對我對他都好。

個性相像的在一起真的好嗎？當我遇到老爺之後才發現，原來相像的人互相欣賞就好，交往真的不太建議，如果可以，找一位個性互補的會比較靠譜。

說到老爺，他跟我的個性完全不同，剛開始在一起時會有點擔心，畢竟個性完全不一樣，喜歡的東西當然也差很多，很怕會因此起爭執。

幸好，雖然常常會有意見不合的時候，但他總是會很有耐心地試著溝通，找到一個平衡方式繼續相處，這樣真的很棒。我一直以為個性不太相同容易相斥，沒想到我和他不但沒有，還意外地特別互補、協調，更重要的是：因為我們的不同，我的生活也變得很不一樣。

Chapter_3
我們的愛，是陪伴

以前的我，不懂得欣賞美食，但自從跟老爺在一起後，他帶我吃遍大大小小的餐廳，讓現在的我也能懂得享受，用美食疼愛、犒賞自己；以前很不愛運動的我，也因為他開始一週至少三次的運動，身心靈都變得很健康！

以前的我遵循自己的戀愛觀，卻總是被自己的堅持所耽誤，老是挑同樣類型的對象交往，而且只憑感覺，感覺對了就展開戀情。甚至沒有好好思考過這個人是否適合在一起，這導致我以往的戀情很容易告吹。如果我還是停留在以前的擇偶條件，或許現在就沒有這樣舒服的生活，

尤其婚姻是「團體戰」，要是彼此的夥伴沒辦法補足對方的缺點，在必要時做到即時救援的話，長久下來很可能就會因過於疲憊、心寒而分開。

當然這也不是我們願意發生的結果，那麼，到底要怎麼選才能比較符合我們所追求的戀情呢？

我的建議是：要是現在單身的妳準備開始另一段戀情，當與自己個性完全不同的人邀妳約會，不要害怕或者太快拒絕，反正就當作交朋友，不要抱持太多的得失心，花點時間相處看看，或許妳也有機會碰到一個跟妳很互補的男人，那就給他一次機會吧！

Chapter_3
我們的愛，是陪伴

再低調的日常也要最高調的示愛

那天跟姐妹在一間咖啡廳喝下午茶,我無意間聽到隔壁桌幾位女生的聊天內容,其中一位正在抱怨婚姻怎麼可以這麼辛苦,她說她嫁給他老公這麼久,每天忙進忙出、照顧家庭及小孩,卻還要看先生的臉色。

不只隨時隨地都要報備傳簡訊,連她想要出來跟好友喝個下午茶也要管,除了讓她感覺非常不自由、心煩以外,也搞不懂對方為什麼要這樣控管她。

另一位女生馬上拍拍她的肩膀說:「妳老公願意這樣花精力控管妳,真的要感謝他啊!表示他還很在乎妳,如果不在乎誰管妳要跟誰出門!像我先生根本不會問我去哪,我晚回家

他也不關心，更不會在乎我跟誰出門。

現在我們的話題只剩下小孩了！我好希望我們可以回到以前熱戀那樣，跟我說早安、問我吃飽沒？下班要不要來接我？驚喜地在我面前出現，帶我去吃飯、看電影跟約會，而不是像現在這樣超級冷淡，就算生活在同一個屋簷下還是不聞不問……。」

聽完這些女生的婚姻日常煩惱，我內心除了心疼以外，也有點擔心會不會哪天我跟老爺的感情也會有這樣的煩惱？其實維持婚姻熱度的祕訣大家都想知道，包括我也是，真心希望婚姻關係可以永遠保鮮，這是每對夫妻的願望啊！

很多兩性專家分析，平時生活上就必須設計一些小巧思，來幫助我們刺激平淡無奇的婚姻生活，讓彼此火花不滅，可是說當然很簡單，做起來就不一樣了，重點是：到底該怎麼做呢？

我覺得每個男人喜歡的點都不同，只能靠我們去明查暗訪一些婚姻小撇步，沒事就來測試一下，讓對方能充分感受到我們的熱情哈哈，別覺得不好意思或沒有用，婚姻是一條漫長的路，沒試沒機會，只要有耐心、慢慢比對，總有一天會試到吧！

而實驗的那段期間內，我試了好幾種方式，居然真的讓我發現到一些還不錯的攻略，趕快來跟姐妹們分享：其實每個男人都很喜歡聽到一些被肯定跟讚賞的話（誰不喜歡呢？），尤其是身邊重要的人講出來的特別不一樣，聽完就會自信滿分、走路輕飄飄，嘴角不自覺上揚地開啟一種英雄模式。

只要讓另一半感覺到妳的崇拜與愛戀，對方自然而然會有多巴胺飆升的開心、舒適感，而且也能讓他感受到被重視。要讓婚姻關係更好、更親密，其實就是靠這樣簡單又平凡的方式。

當我知道這個秘訣後，便開始慢慢培養自己一個習慣：去誇獎老爺為我做的每件事情。就連幫我倒水，甚至順手幫我把碗給洗了，我都會用充滿感謝的眼神回報他，告訴他：「有你的幫忙讓我感覺有被愛的 FU。」

甚至在我跟好朋友們一起吃飯的時候，還會刻意把他的好廚藝特別說出來讚賞一番。當然，這也絕對是實話：自從嫁給他之後，我真心覺得外面的食物，即使是有名的美食都沒有他做的那麼好吃，而且還不用出門，在家就可以吃到健康又新鮮的食物真是無比幸福的事！

這讓老爺更願意發明新菜給我吃，而我也常在自己的臉書、IG 放閃撒狗糧，就算再簡單的事都時不時地高調示愛，讓其他好友們也可以加入一起誇獎的行列，這樣一來，效果更是加分到不行。

所以，千萬別放不下身段去開口，這是不好的習慣，因為他們就跟孩子一樣，需要被關注、被鼓勵，才會慢慢進步。不用害怕常誇獎他會讓他更驕傲、自以為是，以為自己真的很好，如果一開始妳就做這樣的設想，關係不會更好的，只會每天流於算計誰做的比較多，對婚姻產生不了實質的幫助。

找個機會試試看吧！妳會開始感受到先生對妳的愛又開始回溫加熱了唷！

Chapter_3
我們的愛，是陪伴

男人沒有好不好，只有適不適合

從第一次談戀愛開始，我就與不同類型的男孩認識及交往，現在想起來覺得有的甜、有的暖，有的則是超～渣。

雖然在每段感情裡面，相處的過程都不盡相同，但多少還是有點收獲，曾經有人帶我看這個世界，也有人讓我認清這世界，有好有壞都沒有一定。

而且戀愛的過程中，只要遇到特別投緣、有感覺的對象，通常這段戀愛都談得蠻慘的，因為我太在意彼此的相處模式，這樣的「在乎」會讓我無法放鬆地談戀愛，容易失常、甚至失去自我。

失去自我，最大的徵兆就是開始胡思亂想，這通常導致一個結果：對方被我因沒有安全感導致過激的反應給嚇到，最後無奈分手。

就算我覺得對方是好男人，可對我來說，他就是不適合我。

所以，那我到底適合什麼樣的男人呢？後來我才發現，我需要的是會讓我安定享受在關係裡面的人，而不是一直處於緊張情緒裡頭，一直懷疑自己「哪裡又做不好了？」的人。如果今天出現超級天菜、對誰都有著致命吸引力的人來跟我談戀愛，他一定不合適我，因為我可能又因擔心失常而搞砸。

以前老人家常說的：「女人結婚最好選一個不會讓自己失心瘋的人嫁比較好。」或許就是應證了這點吧！（呵呵～雖然我多想有天菜來追我ㄚ！）反正戀愛這事沒有一個人說得準的，而且男人真的沒有好不好，只有適不適合。

他不適合你，卻適合別人的這種例子實在太多太多，所以不適合就不要留戀，趕快放生。那什麼樣的人妳不能放手呢？妳很清楚對方會讓妳越來越好，而妳也願意定下來，和他一起牽手到老的，妳碰上了記得千萬不要放手！

要不然就會像我的一些朋友，染上了自己還沒開始戀愛，就覺得沒有一個男人適合自己的怪毛病。

我身邊有很多非常優秀、獨立自主的大齡單身女子，每個都很有自己的想法，曾經我也為她們著急，因為想要看到她們幸福而試著為他們介紹過男朋友，但是都沒有成功。

Chapter_3
我們的愛，是陪伴

在我眼裡他們都是超棒的女朋友跟未來另一半的優質人選，卻遲遲無法脫單，這讓我好納悶，後來想想也許是因為她們太過於獨立，很多事情都不太需要另一半的協助，也自己一個人習慣了，覺得這樣蠻輕鬆無負擔，重要的是不用無端受到感情帶來的痛苦。

就算認識了一個不錯的男生，約了好多次會感覺良好，也感覺隨時都有可能在一起，卻突然理智踩剎車，想到有可能自己不適合對方，也會擔心談了戀愛會破壞自己好不容易建立起來的生活習慣，所以就自動地遠離甚至直接試圖結束被激起的小火花，繼續回到原本的生活裡面，這也是為什麼大齡女子不容易脫單的原因。

不是沒有好男人，而是覺得自己不適合，就自動放棄了幸福，這都是我在身旁的人中眼睜睜看到的例子，明明原本可以找到一個不錯的另一半，卻常被自己的判斷給破壞掉，我都覺

得好可惜啊～

我覺得我們都應該開始練習，平心靜氣地去感受一段感情所帶來的美好，不是過於偶像劇的華麗、浪漫包裝，更不是為愛而失控偏激的情感，就從簡簡單單的相處開始，去發現彼此、試著去交往，再慢慢地把自己交出去。

我真心相信這世界上一定有一個人超級適合妳，而妳一定會碰到。只是需要花一點時間跟耐心去等待他，所以妳要相信自己會遇到幸福，這樣就好了，好嗎？

Chapter_3
我們的愛，是陪伴

有你的地方就是我的家

可能因為缺乏安全感，我是一個非常需要被傾聽的人，經常需要透過抒發才能找到自信，但莫名其妙的是：我又是一個不太愛講出自己內心感受的人。

由於我常在這之中拉扯，所以很多時候我只願意憑感覺做事，這個時間、這個人，只要感覺對了，我就會毫無保留地打開內心深處去傾倒。

如果幸運，遇到了善良的人，他們會給我很多力量，鼓勵我不要被恐懼打敗，繼續努力向前，用對的心態跟方法就一定會有好的結果。

每次得到這些暖暖的話語，我總是真心感謝他們的好，可是這樣的人總歸不是很多，會打擊妳的人多過鼓勵妳的人、會背叛妳的人多過妳相信的人，我必須要說：這就是成長過程。

如果人生就因為這樣的跌倒而感到失望，再也爬不起來了的話，那也太弱了吧！從確定自己要離開舒適圈後，我就沒有再害怕遇到所有可能讓自己受傷的事情，不是不怕痛，更不是不會難過，而是痛歸痛、難過歸難過，成長總是要付出一些代價，忍住求進步就是了！

我開始獨立，開始為自己而活，遇到困難的事情都努力去解決，遇到傷心難過的事情盡量自己消化，不要讓別人看出情

緒，他們能看到的只有我開開心心地笑，什麼事都沒有。

多年後我練就一身讓人看不出悲傷的本事，不管遇到再怎麼痛苦、難受的事情，只要我給自己一點點時間，就能恢復到正常的狀態，好像什麼事情都沒有發生！

這樣假堅強的日子在我結婚之後完全瓦解……因為我認識一個比我更了解自己的人，又在因緣際會之下，變成了男女朋友，現在則成為夫妻。

一開始我還是戰戰兢兢地面對這段遲來的感情，但在這場戀愛談了三個月之後，那個假堅強的我不見了！我終於遇到一個無論在任何狀況下，都願意先聆聽我需求的另一半。

可能因為他是完美主義者，不管任何事我只要交代老爺，先不要說使命必達，事情的結果都會比我自己處理來得妥善。

Chapter_3
我們的愛，是陪伴

因為他本來就是在餐飲業工作的人，盡量解決顧客需求變成一種職業病，當然也會帶到生活裡。

當我遇到任何困難，真的是任何困難，他都可以陪著我一起解決，甚至幫我解決，我的生活裡多了一個夥伴，不再是一個人單打獨鬥了。

就算我這個怪毛病，不太會分享跟告知，他也無所謂，因為我根本不用說，他都知道到底發生什麼事，會想盡方法幫助我。這樣的應援直到我生完孩子之後，我才真正明白：原來我假堅強的背後是需要一個家的支撐、得到一個家的力量，遠大過於所有的悲傷。

這是老爺帶給我的能量，他療癒了我以前被欺負、被孤立，必須要一個人面對所有事情的窘境，這是我以前沒有體驗過的。除此之外，我記得他曾經跟我說過：因為我願意在每次

他感到失落無助的時候傾聽他、瞭解他，把他的事情當作自己的事情一樣重要，再進一步幫助他、陪伴他去處理，所以當他感受到我的重視，也會反饋給我我最需要的安全感。

那時我才知道，原來互相給予支持是這麼重要，當有人願意在乎妳的一切，給妳最大的助力與包容，我真心要說：一定要好好珍惜。因為這個人、這一切都得來不易，我們必須懂得珍惜，才更能讓一切延續下去，這就是愛的真諦。

記住：收起抱怨，不要再碎念另一半對我們不夠好，建造一個家是互相給予，當我感受到你的好，我就會盡全力再給你一個更甜蜜的回應，這是互相的，而不是應該的，共勉之！

Chapter_3

我們的愛，是陪伴

Chapter 4

×

婚姻，從來就不簡單

婚姻，是兩個人的生活，
唯有向同一個方向前行，
才能越走越遠、越走越久。

白雪公主的麵包數學題

說真的！比起談戀愛，我在面對婚姻時算是理性多了，不再像以前那麼盲目，感覺對了就豁出去，可能是因為覺得結婚是一輩子的，不是要分手就分手，更不可以輕易說分開。結了婚就要好好遵守婚約，不管發生什麼問題一定要努力試著解決，不能再像小朋友扮家家酒，不開心就鬧脾氣、耍幼稚。

在接受老爺求婚後沒多久，趁有一天他心情不錯的時候，我不怕死地開門見山直接問，結婚後家裡的開銷跟收入該如何規劃？怎麼分配家用？是要一起分擔，還是 AA 制呢？

呵～此時此刻有沒有倒抽一口氣，是不是覺得我膽子超大，還沒結婚就敢這樣超級直白地發問，不瞞你說，我真的鼓起

超大的勇氣才做了這件事，整個對答的畫面在我心中排練了幾千萬次，把所有可能發生的狀況都想了一遍！

抱著很有可能我們會因為談不攏，而結不了婚的心情去溝通，畢竟這真的非常不浪漫且相當現實，沒有一個童話故事的結尾會告訴妳，要幸福快樂到永遠的前提是兩個人可以開誠佈公，面對所有事情都能理性溝通，這樣才能真正地經營一個家庭。

但！絕大部份準備結婚的情侶都不太會去聊，甚至不願意去碰觸如此敏感的話題，都是等結了婚後，才慢慢理出一套金錢法則，可是我不想這樣，也沒辦法這樣，我希望所有事情

都可以事先講清楚。

兩個人結了婚成了家，所有的事情當然都需要兩個人共同面對，雙方沒有共識會嚴重影響未來彼此的感情，與其婚後看不慣彼此的金錢觀，倒不如趁婚前好好地深聊，不要等到婚後才發現原來彼此價值觀不同到時再來後悔難過，所以只能硬著頭皮發問，說什麼也要聊出一個方向。

當老爺聽到我的提問後，確實眉頭深鎖，可以從他的表情看出他覺得有點被冒犯，這都在我預想的狀況中，我想誰都不會喜歡這樣的話題。

內心無敵緊張的我，馬上又補上了幾句，說明我會這麼問的用意，我使用了史上最溫柔的口氣跟眼神，向他表達我的善意，我希望未來生活的存款與開銷能夠先有共識，所以想要事先了解，溝通。

Chapter_4
婚姻，從來就不簡單

聊聊我們兩個對這個家的期望，觀念會不會落差太大？有沒有想要買房子？需要開共通戶頭一起存錢嗎？雖然這個話題有可能讓我們意見不合而不開心，可是絕對不能逃避這樣的溝通。

說雖然是在聊嚴肅的問題，但是不是有可能用一個比較輕鬆的方式，來聊聊彼此心裡的想法，最起碼不會等到真的碰上了問題而有爭執，所以千萬不要誤會，認為這個話題現在已經有答案，答案應該要是透過我們討論，雙方都接受，確定沒有問題才成立的。

我跟老爺說明我的用意後，又再補上幾句，請原諒我這麼突然，我沒有要算計些什麼，而是真的想要一起努力建造我們的家。

聽完後老爺的眼神終於親和許多，可以感受得到戰力沒那麼

強也比較沒那麼有敵意，呼～這時他才打開心房跟我聊，他不喜歡談這個話題，其中一個原因就是我的婆婆，她在老爺年輕的時候，怕他亂花錢或沒有金錢觀念，總是用懷疑的口氣追問錢的流向，也因此常常吵架，之後只要有類似的問題，他就會非常不高興，他很害怕我也要用同樣的方式來管他。

但，在聽完我的解釋後，他發現我的語調跟溝通的方式，讓他沒有那麼不舒服，覺得自己有被尊重，才會願意講出這些不好的回憶！

那瞬間我真心感謝老爺願意分享，因為他願意說出來，才能讓我更了解他，避開他不喜歡的處理金錢的方式，還能夠彼此坦白，開心地規劃我們的未來，實在是太棒了！

結婚這麼多年，我們幾乎沒有為了錢的事情吵架，也不會去質疑彼此用錢的方式，婚前溝通真的很重要，千萬不要恐懼

談論金錢話題，更不要怕會因為聊得太多而吵架分手。

我們要的是一段成熟的感情，早點知道另一半遇到這些敏感的事情會有什麼反應，才有機會改善、溝通，彼此更了解對方後，面對婚姻中的各種問題，才能繼續堅定恩愛地生活下去喔！

結婚的是我們，不是你

現在不結婚的頂客族越來越多，也不知道從什麼時候開始，不結婚這件事，已經非常稀鬆平常。以前適婚男女朋友交往，都會說希望是以結婚為前提。現在時代不同，有的人交往會直接說我是不婚主義者，如果可以接受我們再開始談戀愛吧！

當然不同族群各取所好，只要你情我願，雙方開心就好，可以不用被一張證書束縛。但值得探討的是，到底是什麼讓「不婚」變成了一種選擇？

我身邊有一位朋友，他享受著單身生活的快樂，沒有任何家庭的責任，自由自在地生活。他很清楚知道自己不適合婚姻，

所以選擇不婚，不管父母或身邊親戚怎麼苦口婆心地勸，他依然不為所動。

他說與其成為被眾人期待的對象，他寧願選擇不婚，因為不想承受這樣的壓力。每次要戀愛之前都會坦白地跟對方說他沒有結婚的打算，一開始女方都給予尊重，但通常過完一段非常甜蜜的熱戀期，女方年紀也到了適婚階段後，就會開始跟他討論，希望他能夠改變之前的選擇。

不管是柔性勸說還是激烈拉扯，到了最後還是因為我這個朋友的堅持而失敗，他變成了朋友們口中的「最後一任前男朋友」，只要跟他交往過的女生，分手後很快就會跟別人結婚

了！他自己倒是看得很開，老是開玩笑地說他把別人的老婆教好了，再送到他們手中，祝福他們永浴愛河、幸福快樂。

之後幾年他依然故我地時而有伴時而一人，生活過得好不快樂。直到他上一任女友出現，劇情簡直像愛情電影般，這位女孩是江湖中傳說的「句點王」。

任何話題到她那就是零交集，最多就是點點頭或一聲「嗯」，隨即結束對話，這樣冷酷不多話的個性，成功引起了我這位朋友的注意，他開始對她展開追求，同時也拜託身邊的朋友幫忙助攻，只要有這個女孩出現的地方，他都能故意來個不期而遇，沒多久他得到了這位女孩的聯繫方式，幾乎每天照三餐噓寒問暖，可是這位女孩完全沒有回應，都是已讀不回的狀態，這可急壞他了！

不知道該如何是好的他，居然跑來問我該怎麼辦？第一次看

他為了一個女孩春心蕩漾，說實話其實還滿開心的，感受得出來他真的很喜歡這位女孩。

身為軍師我當然不能讓他失望，我跟他說這個女孩個性很特別，所以不太好追，再加上她長得挺漂亮的，追求者應該不在少數，應該要出奇招才有可能引起她的注意。

於是他照著我給他的建議，終於追到了他夢寐以求的女孩。兩人都是屬於那種酷酷的風格，一拍即合，好像上輩子就認識一樣，個性互補也非常有默契。

交往沒多久他們就開始同居，我那位朋友覺得跟她在一起很舒服，和以往的戀情不太一樣，什麼事情都是自然而然地發生，沒有太多計劃，自然也沒有限制，而且不需要太多言語溝通這點讓他非常放鬆。

我很好奇地問他，有跟這個女孩說過不婚這件事嗎？他大笑著說：「妳知道她有多可愛嗎？她居然回我「所以呢？」，第一次有女生這樣回答我，讓我有點不知所措。」對啊！不結婚所以呢？直接結束了這個話題，這果然是她的風格。

哈哈！看朋友提到這位女孩的同時，我心裡就在想，有沒有可能她就是終結我朋友不婚堅持的那位夢幻天使呢！

突然有一天我在臉書上看到這個朋友在戶政事務所打卡，居然說是要結婚！當下看到還以為他是在開玩笑，立馬快速地撥了電話過去。

怎麼可能？你不是不婚？發生了什麼事，怎麼這麼突然？有小孩了？還是誰得了絕症？拋出一連串的問題，他依然樂觀大笑說：「就是自然而然嘛～她陪我到戶政事務所辦身份證，櫃檯的阿姨跟我們開玩笑，說我們有夫妻臉，要不要順便登

記結婚，這樣就不用再跑一趟換證。而且只剩這幾天的好日子，接下來就是孤鸞年，不適合結婚。重點是！今天結婚打卡送日本原裝進口的除塵蟎機。」於是就開玩笑地轉頭問她，妳想結嗎？她依然酷酷地說：「可以，剛好家裡缺一台塵蟎機。」

就這樣一句話，終結了這位鐵齒多年宣稱不婚的男人。聽到這個原因讓我有點傻眼，感覺有點扯以及超級爆笑之外，這真的還挺像他們的風格。但冷靜想想這樣也好，自然而然沒有太多壓力，更沒有因為誰對誰的期待而莽撞結婚。

不婚是一種選擇，但這個選擇的背後一定有他的顧慮，不是施點壓力就能扭轉結果，重點是要遇到對的人，才有可能改變一切。就像我遇到老爺一樣，感覺對了就結了。

未婚的姐妹們別著急，就跟我分享的這對情侶一樣，輕鬆的

心態面對，一切都順其自然吧！別給自己太大的壓力，結婚這事真的不要強求，與其跟不對的人結婚，靜心等待對的人出現才是明智的選擇啊！

Chapter_4
婚姻，從來就不簡單

如果爸媽都想當好人

每個人都會為自己的人生設定目標，希望可以考上好的學校、出國深造；出社會工作薪水能夠 35K 起跳；談幾段浪漫愉快的戀情，嫁給一個穩定又可靠的老公，通常都只會想到這裡。

等到真的結婚了，才會繼續再往下設定目標，至少我是這個樣子。可是！萬萬沒想到結婚後，還來不及設定接下來的目標，我這麼快就當上媽媽了，而且還接連生了三個孩子，這瘋狂行為，我都忍不住佩服自己。

呵呵～有時候我都覺得自己像個小孩，這要怎麼管教小孩呢？從原本簡單的兩人世界，短短幾年竟變成了一家五口。

有好多的生活習慣也必須跟著改變，最大的不一樣就是我跟老爺之間的溝通，從偶爾聊聊到每天都得聊。

孩子不停地在長大，每天都在學習新的事物，全家生活在同一個屋簷下，孩子們都在看著我們甚至模仿我們的一舉一動，所以我跟老爺必須互相提醒，注意自己的言行舉止。

總是等孩子睡了之後，特別花時間檢討，聽聽彼此有什麼問題需要留意，尤其是在教養這一塊，為此我們吵了好多次架，就是為了要找到教育孩子的共識，常常一不小心意見不合就擦槍走火。

像是喝水、喝飲料一定要用杯子喝的這種日常生活習慣也可以吵，因為我之前一個人住習慣了，所以飲料都是直接對著嘴就喝。

但！現在共組家庭後，老爺不想讓孩子學我，而我也同意他這個想法，可是有好幾次我都會忘了要用杯子喝，這時候老爺就好像教官一樣，狠狠地瞪了我一下，當下我心裡真是超級不舒服，當然我能明白他的用心，但維持了這麼多年的生活習慣，真的需要時間改啊！

但類似的狀況也發生在老爺身上，比如晚睡的這件事，平常老爺是夜貓子，不到半夜 2 點不睡覺，但孩子的睡眠真的非常重要，所以我希望他們可以早點睡，可問題是大人不睡他們怎麼可能睡，那時候老爺還替小孩幫腔，說：「沒關係啊～那就順其自然嘛～他們累了自然就會去睡了，不要給他們太大壓力！」

Chapter_4
婚姻，從來就不簡單

什麼！在開玩笑嗎？什麼叫累了想睡自然就會去睡，怎麼可能～孩子們充滿電量跳來叫去，巴不得 24 小時不睡，要是不規定他們固定的睡覺時間，就會失去該有的秩序，那以後怎麼教？

我做不到讓他們晚睡，所以陪睡的這個工作就落在我身上了！對～就是我扮黑臉，晚上 8 點一到，不管有什麼理由就是要上床睡覺，無論是誰都不能破壞這個規定。

可是，每次看到老爺自在地看電視，而我要陪孩子進房間睡覺，心裡真的很不是滋味。但為了孩子的生活作息也只能咬著牙吞下去。

我還記得有幾次吵得最兇的是關於孩子吃飯的問題，這要從我們的小時候說起，從小我就是一個很不愛吃飯的孩子，每次吃飯都是想盡辦法能躲就躲，能不吃就不吃，更不用說要

乖乖地坐在餐桌上吃完才下桌，這真的太痛苦了！

甚至到現在想到小時候一邊哭一邊吃飯都還會怕，所以我在孩子吃飯上就沒有這麼嚴格，餓了就吃多一點，不餓不吃也沒關係！

相反地，老爺從小生長在軍人家庭，養成吃飯時間一定要坐在餐桌上，吃完才能離開習慣，所以他除了堅持吃飯時間一定要吃之外，還規定要在一定的時間內在餐桌上吃完，誰都不能例外。

我到現在依然記得，有一天大兒子放學回到家跟我說：「媽媽，今天好熱我吃不太下，晚餐可以吃少一點嗎？」當下就勾想起小時候的回憶，我不能讓我的孩子跟我一樣，吃飯這麼痛苦與害怕，所以當下立馬答應他說沒問題，不吃都可以喔～聽到我答應，他馬上尖叫加歡呼就去做自己的事情了。

直到老爺宣布準備吃飯，卻未見大兒子出現，當下老爺直接發飆地問我他去哪了？此時我弱弱地回，他今天有點不舒服，所以可以不上桌吃飯！

嗯～對！就因為這句話，他覺得為什麼我可以答應孩子不吃飯，也自行決定讓他可以在吃飯時間不坐在餐桌上，因為這個問題，我跟老爺差點在孩子面前爆發衝突，他覺得孩子不吃等一下一定會餓，與其這樣還不如嚴格要求他們都必須要坐到餐桌上吃飯，全家人同進同退，沒有缺席的理由。

但對我來說吃飯是一件開心的事情，如果真的不舒服，缺席也無所謂，想吃就吃，不需要逼孩子。那陣子為了吃飯的事吵得不可開交。

最後我們決定各退一步，請孩子們在吃飯時間一定要坐在餐桌上，但吃多吃少可以自己決定，這才解決了這場家庭革命。

現在回想起來，終於能釋懷也比較能輕鬆面對，認真想想我們都是為了孩子好，會有不同的意見也很正常，畢竟是兩個來自完全不同的家庭的人，生活在一起總是需要磨合，拿這些愛孩子的堅持來吵架，一點意義都沒有。

婚姻是一輩子的，有問題、有爭執都可以解決，前提是雙方需要站在同一條線上，互相體諒、包容，要理解沒有一個人天生就會當爸爸媽媽，所以彼此都需要多一點耐心，慢慢培養彼此之間的默契。

像是教養孩子的方式，不管當白臉或黑臉，只要彼此說好，就沒有什麼事是誰對誰錯，而孩子也可以在家長的保護下，開開心心地成長，這才是一個最溫暖、最有力量的相處模式。

最重要的決定權

當我 18 歲從學校畢業後，就離開家鄉北漂到台北，當時做的第一份工作就是進到電視台裡面實習，因為當時還不知道自己什麼時候才能出道，所以經紀公司安排我空降到媒體部門當工讀生。

因為我是廣告設計科畢業，所以能夠支援設計部門，有時候攝影組需要攝影助理，我也需要去幫忙，總而言之我就是一個打雜的，什麼都要做就是了！

那時我是個剛出社會的 18 歲小妹，還非常稚嫩，到哪都要學習，尤其是要學會看臉色，要不然一不小心就會踩到辦公室地雷，怎麼死的都不知道。

沒過多久就可以分辨很多事情，再加上後來在演藝圈工作多年，懂得一些社會「眉角」，我已磨練出一身好功夫，大大小小的事情都可以處理得非常好，所有任務我都可以快狠準地使命必達。

可能是因為怕麻煩，所以任何事都不想要有一點閃失，慢慢地我對很多事情開始很有主見也有控制慾，尤其是像我這種做事非常有效率的人，完全不能忍受事情不在我的掌握範圍，於是最後我就變成了大家眼中的女強人！沒什麼事情可以難得倒我，只要是我想要的，就一定會努力達成！

這其實有好有壞，因為大部份都是自己做的決定跟安排，不

管結果如何都要自己承擔，走對方向會很有成就感，但選錯方向跌倒了也都怪不了人，這也影響了我挑選另一半的條件。

我超級喜歡聰明的男生，做事情一定要很有自己的主見，知道自己在做什麼，對未來是有想法的，絕對不能對自己的生活沒有任何要求地活在這世界上。

但，這樣的男生少之又少，我也沒碰過幾個，所以還是自己自立自強比較重要，想要依靠別人倒不如靠自己吧～

這樣獨立自主的日子一直持續到我 30 歲那一年，悄悄地發生了一些改變！我碰到了一個做事很縝密，也很有邏輯的人。

自從跟老爺在一起後，我發現他控制慾比我還要強，而且處理事情比我還要更周全，所有拜託他的事結果只會更好不會更差。

Chapter_4

婚姻，從來就不簡單

可能是因為他曾在餐廳帶過很多員工，服務過很多客人，看過的臉色比我還多，社會的歷練也比我強，所以自然而然的，我們之間所有事情的決定權，就落到了老爺身上。

問題是我也是一個很愛決定事情的人，不習慣事先跟別人討論，常常不由自主地就把事情給解決了，完全沒有問過老爺的意見，也覺得不需要問，總是事後才告知他。或許有一部分原因是因為我有點高傲地覺得，我處理事情的能力又不比他差，所以我就直接自己決定了，就這樣忽略了他的感受。

有一天我又在沒有跟他討論的情況下，自己迅速地決定了一件事情，事後才告知他。老爺聽完後什麼也沒說，默默地站起來就去忙他自己的事情了，當下我也沒覺得有什麼不對勁，只是交代完就沒再去多想。

但接下來幾天老爺都不太理我，問他要吃什麼？晚上要去

哪？這禮拜有沒有什麼計劃？他都是冷冷地看著我，然後就轉頭離開我的視線。這反應真的讓我有點嚇到，怎麼會變成這樣？

想來想去還是去問清楚講明白，到底是什麼事情讓他變得那麼冷淡，在跟他溝通前我還特別先低頭道歉，因為我認識的他，會有這麼大的反應，通常是氣很久已經有點受不了才會有的情緒，處理危機前態度先放軟是必須的。

Baby 對不起啦！不知道哪個點讓你不開心，先跟你道歉，有什麼問題我盡量調整，也就麻煩你不要再冷冰冰的，這樣我好難過喔～溫柔的道歉還是有作用的，看著他的表情漸漸恢復成以前溫和的樣子，內心也就感到安心許多，老爺安靜了一陣才正式地把他的感受說出來。

他能理解我一個人單打獨鬥那麼多年，很多事情妳無法和其

他人討論，必須獨自下決定，甚至遇到任何問題都得自己扛，導致今天不管是大小問題，常常不跟他討論就用自己的方式解決。

但我們是夫妻，兩個人在一起生活，不是只有妳一個人，所以請妳學習試著把事情的決定權交出來，任何問題都必須經過雙方溝通，達成共識後才能決定。

嗯！我可以試著這麼做，但我請他解釋為什麼一定要這麼做？是因為覺得我做得不好？還是我處理事情的方式不是他要的？

他說了一句話，我就再也沒有反駁了！他說我們現在是共同體，永遠都要記得 1+1 想出來的結果一定勝過於自己想的，不要老是自己一個人搶著解決，兩個人一起做出的決定就算偶爾錯了，或遇到困難不好解決那又如何？

一定要珍惜兩人共同解決事情的機會，知道嗎？因為這就是最難能可貴的時刻，我們可以一起解決，一起體驗，也能更了解彼此，那才是最重要的，總比萬一哪天真的需要幫對方決定一些事，卻因為不了解彼此的想法，而感受到陌生來得好，妳說對不對！

從那天開始，我慢慢學習不要什麼事情都自己一個人扛，現在我有了另一半，有什麼事都可以商量，很多事情的結果更完美了！原來不用一個人獨自面對事情的感覺真好，這才是真正的兩人生活呀！

Chapter_4
婚姻，從來就不簡單

多重身份的智慧

曾經有人問過我，結婚是什麼感覺？那婚後呢？還有生完孩子之後？我很認真思考這些問題，到底怎麼形容才能更貼切，又能讓人身歷其境。

我覺得相愛的兩人決定要步入婚姻，就像是兩個身心靈契合、默契相當的好朋友想要一起幹大事！

這大事就像是兩個人要去環遊世界，感受人生中的美好，而這趟未知的旅程令人感到興奮又緊張，旅程沒有時間限定，只要兩個人確定好了就能出發！我想這就是我所能想得到結婚的感覺。

至於結婚後，我覺得有點像志向相同的兩人，兩人在很有衝

勁的狀態下合夥開了一家公司，因為都是第一次當老闆，所以對公司的未來有很多幻想，充滿理想跟抱負。

等現實生活中的問題一個個出現後，不得不拋開感性的那面，開始學習理性地解決問題。比如經營管理、收入支出，隨時要有更改未來計劃的心理準備。

還有兩個人意見不同可能產生的問題，像是彼此的情緒，不管發生什麼大大小小的糟心事，兩個人都要一起面對。對外該如何繼續生存，對內該要怎麼找到平衡發展，這些看似日常的生活瑣事，如果沒有經過深思熟慮好好處理，很容易就會破壞彼此的信任，這是我認為的婚姻。

至於生完孩子的生活，就好比你們的公司開始有了新進員工，要忙的事情越來越多，需要分工合作、分配部門，所有事大家都該齊心合力的完成。

公司開始漸漸強大，可喜可賀的同時，代表肩上的責任就越大，老闆除了營運之外，還需要花時間細心栽培跟教導，讓員工在安全的範圍裡面成長茁壯，當他們的能力夠成熟後，接下來就有可能會換他們來扛下這間公司。這當中所有的努力跟辛苦都是值得的，這就是相輔相成的甜蜜負荷！

不管在婚姻裡妳擔任的角色是什麼，記得都需要用智慧互相體諒和彼此協助，在不同時期面臨的問題都不一樣，誰都沒有辦法說得準。兩個人都有可能會陷入困惑、無助，這時候就需要兩個人堅定的力量互相支撐，只要兩個人的方向一致，這條婚姻的路就會走得很開心、很幸福！

也有很多人問我，進入婚姻之後，是不是就不能再做自己想要做的事？是不是都會被綁在家裡？

我覺得這些問題都是可以溝通的，但是在溝通的過程裡一定要保持理性，不要強硬地要求，最好能夠慢慢地讓另一半知道，這個夢想對妳是多麼重要。

就像一開始我想轉型當作家的那段期間，當時內心真的非常糾結，寫作是我抒發心情的方式，藉著文字創作能夠讓我解壓，也能得到成就感。

當我發現「當作家」的這個夢想越來越強烈的同時，到底要不要去追求夢想這個問題就一直拉扯著我，因為不知道老爺會不會支持我，又或許已經分身乏術的我，已經沒有多餘的時間可以完成。

與其自己一直煩惱，我向老爺求助，讓他也參與其中，這不僅讓他感到備受尊重，還讓他感覺不只是我一個人在做這件事，而是我們共同進行。

在幾次的對談中，老爺給了我很多很好的方向，當我聽完這些建議後，也非常感動地感謝他，謝謝他願意為我提供意見，重點是現在是我們兩個在完成這件事。

他說每次聊到關於出書的事情，都能感受到我的熱情，看得出我對於成為作家的渴望，於是開始加入我的轉型計畫，他時不時會給我意見，看到任何值得參考的文章也會轉發給我參考，也很鼓勵我在夜深人靜的時候寫作，有時也會找一些電影來給我靈感。

慢慢地我得到了他的認同，我讓我的夢想變成不是只有我一個人的事，我邀請他加入與我共享，這就是雙贏的結果。我

沒有一意孤行的強勢，而是試著在求助他的過程裡，讓他感受到我對於這件事的熱情，自然而然就能得到他的支持。

婚姻最需要的就是互相尊重，才會有快樂和諧的關係。未來的日子裡，我們可能都會再擁有更多的不同身份，這些責任與辛勞的背後，希望能帶來滿滿的成就感，願我們都能有更多智慧，面對所有的挑戰！

夫妻登場，其他人都得靠邊站

「那人獨居不好，我要為他造一個配偶幫助他。」上帝在創造男人之後，再用他的一根肋骨創造了女人，為了就是要幫助他、陪伴他。

在婚姻裡不就是這樣嗎？從交往的第一天到結婚，兩個人彼此在生活上陪伴、幫忙，在這樣相依相偎的日子裡直到永遠，這就是最美好的期許。

但妳真的知道什麼叫互相陪伴、彼此幫忙嗎？其實我也是在這兩、三年才懂。以前談戀愛總覺得不管做什麼事，兩個人只要常常一起，心情不好的時候聽對方肆無忌憚地發洩抱怨，這就是陪伴；當我身體不舒服帶我去看醫生、在我工作

薪水還沒下來，身上沒錢的時候帶我去吃飯，這就是幫忙。

在我進入婚姻後，才真正體會到，原來陪伴與幫忙更深一層的意思是完全的依靠。發生任何事情，都可以放心地依靠他，另一半就是妳堅強的後盾。

我還清楚記得得知爸爸突然離世的那天早上，拿著電話的我當下瞬間腦袋一片空白，除了大哭真的不知道該怎麼辦？當時還在睡覺的老爺聽到動靜起床，知道爸爸走了的事情後，二話不說馬上緊緊地抱著我，跟我說：「我知道妳現在一定很難過，但妳必須要堅強，別怕！我會陪妳。」

話一說完老爺馬上開始安排所有的事情，訂完高鐵票後，安排了媽媽跟保母來照顧小孩，短短不到一個小時的時間裡，老爺牽著我的手到了台北車站。坐車的時候，安排了殯葬業也通知了其他親戚。

即將到高雄的時候，我整個失控地哭了起來，一想到爸爸這樣不告而別，當下實在是沒辦法承受。眼看著就要到站了，不知所措的我已經哭到不能自己，老爺握緊我的手，連忙輕聲安慰，希望我不要過度悲傷，而影響了接下來送爸爸的事。

我抬起頭，看到他眼眶早已裝滿淚水，可他還是忍住情緒，依然給予我溫暖堅定的力量。一到高雄馬不停蹄開始準備爸爸的後事，狀況不是很好的我無法決定任何事情，也完全沒有辦法振作起來安排事情。

所有家人跟親戚人都在外地，無法當天抵達高雄，於是老爺

接手安排所有事情。他花了一天的時間，帶著我安排告別式以及喪葬相關事宜，全部搞定後又陪我找到飯店，辦完入住手續後，讓我可以安心在高雄 Long Stay 送爸爸最後一程。

進到飯店房間後我呆坐在床上，回想起這一切，還是非常沒有真實感，短短一天裡，心情一下從天堂掉到地獄，這是如此煎熬。一邊擔心著在家的孩子們，一邊又為爸爸的離開感到傷心。

這些老爺全都看在眼裡，那天晚上他去便利商店買了一瓶酒，貼心地陪著我喝著酒，一起悼念爸爸。（老爺平常不太喜歡喝酒）後來我才知道，他是擔心我沒辦法承受這樣的打擊，會傷心過度無法入睡，所以想要藉著酒精緩和我的傷痛，而那天我確實是帶著酒意哭著入睡。

隔天家人陸續抵達高雄的同時，他幾乎已經把所有事情都安

排好，並且要我放心家裡的孩子，因為他晚點就坐車回去家裡看看三個孩子。除此之外，也會回台北幫我整理一些衣物跟重要文件，方便爸爸出殯那天使用。

爸爸走的那個禮拜，老爺北上南下地忙碌著，因為我整天以淚洗面，哭到眼睛幾乎腫成一條線，完全無法做任何事情，所以後事跟家裡的一切，都是老爺一肩扛起。

我一直逼著自己不能這麼脆弱，我要自己不准再哭了，一定要堅強起來！老爺很輕易地看出我的狀況，不斷告訴我，千萬不要這麼壓抑情緒，傷心難過都可以發洩出來，真的做不了的事跟他説，他會幫助我，要我放心地依靠他。

當下這句話除了讓我很感動之外，也相當震撼，這麼多年的陪伴跟幫忙，是我這輩子完全沒想過的，原來婚姻裡的相依相偎是這樣的。

爸爸出殯的那天，老爺從頭到尾都陪在我身邊，手裡拿著一條小毛巾，讓我隨時可以擦眼淚，當我需要幫忙的時候更是二話不說捲起袖子，馬上挺身而出，這些畫面直到今天仍歷歷在目。

謝謝老爺這樣的付出，讓我親身體驗到原來全然依靠一個人是這樣的感覺，從出社會以來，一直都是靠著自己，不太願意去麻煩別人，更不喜歡去依靠別人，因為我覺得太容易去相信跟依賴別人會很容易受傷，所以我選擇什麼事情都自己扛。

但透過這次哀痛的經驗，我重新認識了自己，原來自以為是的堅強背後，我也是需要依靠的。

爸爸的後事處理完後，我跟老爺搭高鐵回台北，一路上我靠在老爺的肩膀上，問他為什麼可以這樣無私地付出，老爺告訴我，這是應該的，而且他這一輩子都會保護我、照顧我。

不管發生什麼事，一定會陪我面對，做我永遠的靠山，只因為我是他的老婆。

我想這個回答就是婚姻最棒最幸福的答案！回想起青春的雙十年華，一直擔心著自己不夠好，不值得被疼被愛，殊不知是自己拖累了自己，還好在經過鼓勵下，願意再次相信愛情，也幸運地和老爺相識相愛，彼此真誠對待換到了一個甜蜜的家。有老公在，我什麼都不怕！

送上結婚時爸爸送給我們的結婚誓言「同甘共苦，榮辱與共」，真心希望天下有情人都能夠終成眷屬，結婚的兄弟姐妹們能夠終生當彼此的靠山！

這本書獻給已在天堂的爸爸，謝謝您在有生之年教會了我這麼多事，能當您的女兒是我的福氣，想著小時候您告訴我，一定要嫁給跟您一樣愛我、在乎我的男人，爸～您不用擔心，我已經找到了！

玩藝 0097

愛了，然後呢？
敢卸妝、吵不散，常保燒腦狀態的兩性相處必備技能

作　　者—黃小柔

經 紀 人—黃筠晴

攝　　影—LEAF YEH

化　　妝—龍大・迴文萘整體設計工作室

髮　　型—Ima江語涵

造　　型—陳橙工作室 Kevin

責任編輯—王苹儒

行銷企劃—周湘琦

封面設計—鄭婷之

內頁設計—楊雅屏

總 編 輯—周湘琦

董 事 長—趙政岷

出 版 者—時報文化出版企業股份有限公司

　　　　　108019 台北市和平西路三段二四〇號二樓

　　　　　發行專線　（02）2306-6842

　　　　　讀者服務專線　0800-231-705、（02）2304-7103

　　　　　讀者服務傳真（02）2304-6858

　　　　　郵撥　1934-4724 時報文化出版公司

　　　　　信箱　10899 臺北華江橋郵局第 99 號信箱

時報悅讀網— http://www.readingtimes.com.tw

電子郵件信箱— books@readingtimes.com.tw

時報出版風格線臉書— https://www.facebook.com/bookstyle2014

法律顧問—理律法律事務所　陳長文律師、李念祖律師

印　　刷—和楹印刷股份有限公司

初版一刷— 2020 年 9 月 4 日

定　　價—新台幣 390 元

愛了，然後呢？ / 黃小柔作 . -- 初版 . -- 臺北市：
時報文化 , 2020.09
　　面；　公分 . -- (玩藝 ; 97)
ISBN 978-957-13-8338-5(平裝)

1. 婚姻 2. 家庭 3. 兩性關係

544.3　　　　　　　　　　　109012025

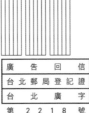

愛了，然後呢？

黃小柔 著

敢卸妝、吵不散，
常保燒腦狀態的兩性相處必備技能

學會在愛裡成長，
擁抱最好的我和你

※ 請對摺後直接投入郵筒，請不要使用釘書機。

廣	告	回	信
台 北 郵 局 登 記 證			
台	北	廣	字
第	2 2	1 8	號

時報文化出版股份有限公司

108019 台北市萬華區和平西路三段 240 號 2 樓

第三編輯部 收

你也曾想過這個問題嗎？愛了，然後呢？

在情場最失意、最落魄的時候，

不妨找個值得信賴的對象訴說你的故事，

現在，寫下你想與小柔分享的故事，並於 2020/10/31 前寄至時報出版，

就有機會獲得小柔的親筆回覆唷！